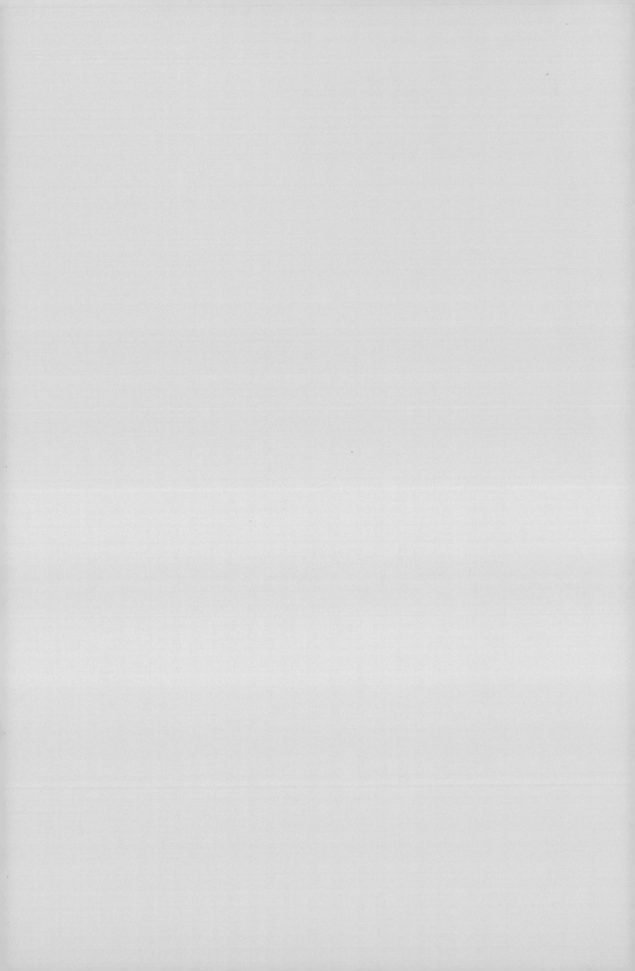

3〜5
歳児編

幼稚園　保育所　認定こども園　対応

ワークで学ぶ

子どもの「育ち」をとらえる

保育記録の
書き方

無藤 隆 監修　大方美香 編著

中央法規

監修のことば

　保育の質を上げていくには、保育の記録をとり、それを検討して保育を改善していくことが要となるとよく指摘されます。ただ実際には、どういう記録をとればよいのか、どのように検討すればよいのか、どのように改善につなげればよいのか、わからない人も多いでしょう。

　本書では、そこに踏み込んで、記録のとり方や検討の仕方が具体的にわかり、身につくようにしています。

　子ども一人ひとりの個性がよく現れる幼児期の子どもの様子をまんがで示し、その場面についての担任の保育日誌が示されます。それに対して、記述で不足している点や気づいてほしい点が指摘されます。そして、その記述を保育所保育指針や幼稚園教育要領、幼保連携型認定こども園教育・保育要領の観点から記録し、分析します。そこから、領域の育ちや育みたい資質・能力が見えてくるというしかけです。

　さらにはそれがワークとなり、具体的な事例をもとに記録を書きます。領域や育みたい資質・能力の視点で分析し、子どもの育ちをとらえるところまでを経験します。

　記録については文例が載っているので、自分の書いたものと比べてみるとよいでしょう。記録にはこれが正しいという正解はありません。いろいろな書き方を知ることで、記録し、分析する力は高まっていくはずです。

　事例としてあがっているのは、架空の子どもの姿ではありますが、幼児期によく見られる場面です。記録し、分析する過程を経ることで、この時期ならではの子どもの学びと育ちが可視化されます。可視化されることで、保育をどう改善していったらよいかの検討にも進みやすいでしょう。子どもの育ちを幼児期の終わりまでに育ってほしい姿の視点からとらえていく際にも、可視化された記録は有効です。

　本書が子ども理解につながり、保育の質の向上につながるよう祈念しています。

　　　　　　　　　　　　　　　　　　　　　　　　　　　　　　　　無藤　隆

はじめに

　本書は、保育者（実習生）が短時間で的確な記録を書き、日々の保育に役立てることを目指して作成しました。保育実践において、子どもの観察と記録は重要です。養成校では、実習課題の一つとなっています。

　保育者の専門性とは、その時々の子どもの活動（遊び）から瞬間に見抜く観察力とその対応力にあります。また、記録から指導計画につなげていくには、じっくりと記録を読み解く力も必要です。

　しかしながら、記録は持ち帰り仕事の一つとも言われています。働き方改革が必要と言われる中、記録のあり方は課題です。また、「何を記録に記載したらよいのかよくわからない」という声も聞かれます。

　記録の方法は、ドキュメンテーション、エピソードなど多様です。これでなければならないということはありません。大切なことは、子どもの活動（遊び）を通して、今何が育ちつつあるのかという過程に気づくという「子ども理解」にあります。保育者（実習生）が、記録を通して子どもの育ちや発達を理解してこそ、必要な環境構成や保育者の関わりへとつながっていきます。

　記録は、外から見える姿（例：積み木で遊んでいる）とともに、その活動（遊び）を通して子どもの内面に何が育っているかという気づきを書くことが重要です。3〜5歳児の場合は、小学校との接続である幼児期の終わりまでに育ってほしい姿や要録までつながることです。

本書に収蔵した事例を通して、個人または園内研修として役立ててください。記録がより具体的な子どもの姿へと近づき、あとで読み返した時に、その場面が思い浮かぶような記録が書けるように願っています。

　記録は、書類である前にいきいきとした保育の臨床記録です。保育者として子どもの目線に立ち、一人ひとりの子どもの気持ちに寄り添うために、記録を活用してください。また、記録を通して自分や園の課題を発見し、保育者として自分を成長させていただければと思います。個々の保育者の資質や主観だけではなく、園内で子どもの見方を議論し、記録や保育のチェックポイントなどを活用するとより効果的です。

　記録から日々子どもが紡ぎだす物語を丁寧に読み解き、保育の奥深さやおもしろさに気づいていただけますように祈念しています。

　本書は、多くの方々の協力により出版することができました。監修いただきました白梅大学名誉教授無藤隆先生には深く感謝御礼申し上げます。また、ご協力いただきました深井こども園の皆さま、そして出版の機会を与えてくださった中央法規出版第一編集部の平林敦史氏に感謝いたします。

大方美香

contents

第2章

場面で学ぶ記録とワーク　4歳児

第3章

場面で学ぶ記録とワーク 5歳児

contents

資料

本書の特徴と使い方

特徴

○本書では、「たんぽぽこども園」という架空の園を設定し、年齢ごとに一人の子どもの姿を追いかけながら、記録の書き方を具体的に解説しています。

○年齢ごとに保育の場面を提示し、その子どもの担任になったつもりで記録を書いてみるワークを設定しています。

○年齢ごとに、5領域及び3つの資質・能力の視点でとらえた記録の文例を紹介しています。

①クラスの目標と計画をふまえたうえで、子どもの育ちをとらえることが大切です。記録の学びに入る前に、それぞれのクラスの年間目標と期のねらいを確認します。

②次のページから場面を追って記録する子どもの基本情報です。

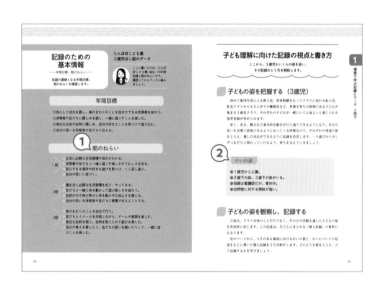

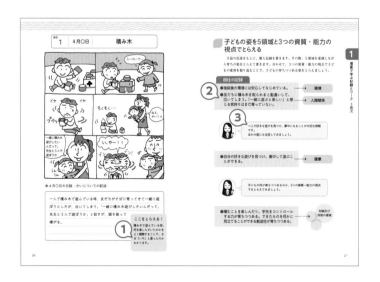

①日誌の記述に対するアドバイスです。

②日誌の記述をもとに書いた個人記録です。5領域及び3つの資質・能力の視点で子どもの姿をとらえています。

③記録に対するコメントです。見直しのヒントにします。

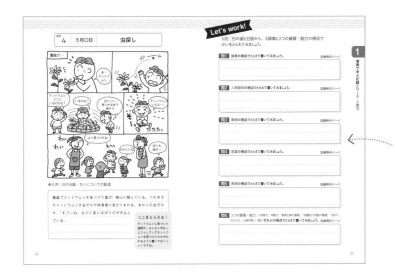

子どもの育ちは、それ
ぞれの領域ごとに育つ
のではなく複合的に育
つものですが、ここで
は各領域ごとに子ども
の育ちをとらえて書く
練習をします。

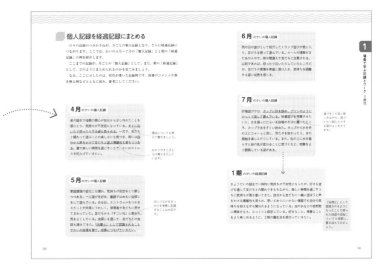

個人記録の積み重ねが
個人記録及び期の経過
記録になります。ここ
までの記録がどのよう
な個人記録と経過記録
になるのか、その文例
を紹介します。

① 5領域もしくは3つの
資質・能力の視点、そ
れぞれでとらえた記録
の文例です。場面ごと
の問いの記録例も紹介
しています。

② それぞれの領域でとら
えて書く練習をします。
巻末資料の「保育所保
育指針」「幼稚園教育
要領」「幼保連携型認
定こども園教育・保育
要領」の各領域の「内
容」を確認しながら書
いてみましょう。

子どもの「育ち」を
とらえる記録とは

ワークに入る前に、保育における記録の意味と
書き方について学びましょう。

1 保育における記録の意味

保育においてなぜ記録が大切なのか。子どもの「育ち」をとらえる記録とはどのような記録なのかについて解説します。

◆子ども一人ひとりの育ちをとらえる

　保育者の専門性とは、子ども一人ひとりのよさや可能性を活かして保育し、乳幼児期にふさわしい子どもの育ちを保障していくことです。その子どもなりのペースやその子らしさに寄り添い、生活を通して子どもの育ちに必要な経験が得られるような環境をつくることが求められます。子ども一人ひとりの育ちを的確にとらえる必要があるのです。

　今、子ども一人ひとりに何が育ちつつあるのかを把握し、必要な環境構成を予想し、準備するためには、継続して子どもを観察し、記録していく必要があります。保育の記録には、おもに日々の保育記録（日誌）、個人記録、経過記録、そして要録があります。日々の保育記録（日誌）には、その日、特に気になった保育の場面や心に残るエピソード場面、または「今日は特にこの活動時間を記録しよう」「この子どもの姿を記録しよう」といったように視点を定めながら観察した場面を書きます。日々子どもは変化し、記憶は薄れていきます。記録は一般的なことではなく、むしろ子どもの言動、行動、保育者の配慮や対応など、できるだけ具体的に記述しておくことが大切です。

　この保育記録（日誌）が、個人記録を書く際の資料になります。個人記録を書く時は、日々の記録を改めて見直し、その記述をもとに、子どもが経験したことを5つの領域や3つの資質・能力の視点でとらえます。

　5つの領域（「健康」「人間関係」「環境」「言葉」「表現」）、3つの資質・能力（「思考力、判断力、表現力等の基礎」「知識及び技能の基礎」「学びに向かう力、人間性等」）は、保育所や幼稚園、認定こども園での教育目標や保育を見る際の視点で、指針・要録に示されています。それに基づいて書いた個人記録を積み重ね、経過を追って並べてみると、その子どもが育ちつつある姿が見えてきます。

　本書では、子どもが育ちつつある姿を月ごとにまとめたものを個人記録、期ごとにまとめたものを経過記録として紹介しています。

「5つの領域」「3つの資質・能力」と子ども理解

子どもの姿を5つの領域、3つの資質・
能力の視点でとらえることで、子ども理
解が進みます。子どもの活動は5つの領
域に関わって成り立ち、その活動の中で
気づきできるようになることから資質・
能力が育ちます。

具体的な場面から子どもを理解するため
には、次の点からの観察・記録が必要で
す。記録をとる際に意識してみましょう。

❶ 活動・遊びの内容は？

❷ 子ども同士や保育者との関係性は？

❸ クラス（集団）として
　 どんな経験をしている？

❹ 個人としてどんな経験をしている？

◆記録は、子ども理解を深め、保育の質を向上させる

　個人記録及び経過記録は、担任の子ども理解を深めるほか、記録をもとにほかの
保育者と話し合ったり、情報共有するための資料になります。子ども理解には、子
どもの育ちを多面的に見ていくことが大切です。記録をはさんで保育者間で話し合
いの時間をもち、互いの見方や意見を知ることで、子ども理解が進みます。

　子ども理解には正解はありません。子どもを理解するということは、実際に子ど
もとふれあいながら、はじめは「○○ではないか」と仮説的にとらえ、継続して見
ていく中で、次第に「思ったように○○だった」「いや、○○ではなくて××だった」
などと深めていくものです。その意味では、主観的な見方になりがちです。

　だからこそ、記録を通しての省察やほかの保育者との話し合いを重ねることが大
切であり、より客観視していく努力が求められます。それは、保育の質向上及び保
育者自身の専門性を高める一助となります。

　もう一つ大切なことは、記録をもとに、その育ちを生み出してきた保育者の関わ
りを振り返ることです。記録は、保育者の自己評価のための大切な資料にもなりま
す。

　子ども理解が進み、保育者の成長がもたらされることで、保育の質は向上します。

保育の質の向上につながる記録

| 記録を
振り返る | ▶ | 子ども
理解が
深まる | ▶ | 保育者の
専門性を
高める | ▶ | 保育の改善及び
保育の質向上に
つながる | ▶ | 指導計画や
要録の作成等に
活用できる |

◆要録を通して育ちをつなぐ

　保育における大切な記録の一つに、「要録」があります。要録は、3歳児以上（保育所は5歳児のみ）の子どもの1年間の保育（指導）の過程及び結果の概要を記録したものです。子ども一人ひとりについての保育（指導）の継続性をはかるために作成します。

　要録は、子どもの中に「育ちつつある姿」をとらえ、それがどのような保育（指導）によるものなのかを含めて、次の指導者に伝えていくための記録です。

　この要録の作成には、過去の個人記録や経過記録が重要な役割を果たします。その子どもの現在の姿だけでなく、この姿に至るまでの姿を振り返ることで、より正確に子どもの育ちが伝わるからです。

　なお、要録は、小学校との円滑な接続を図る役割も担っています。そのため、5歳児について記入する際には、「幼児期の終わりまでに育ってほしい姿」を参考に記載するとよいでしょう。

　本書では、要録の書き方についてはとくにふれませんが、要録については、『幼稚園、保育所、認定こども園対応　事例で学ぶ「要録」の書き方ガイド』『幼稚園、保育所、認定こども園対応　子どもの育ちが見える　「要録」作成のポイント』（ともに中央法規出版）を参考にしてください。

幼児期の終わりまでに育ってほしい姿

- 健康な心と体
- 自立心
- 協同性
- 道徳性・規範意識の芽生え
- 社会生活との関わり
- 思考力の芽生え
- 自然との関わり・生命尊重
- 数量や図形、標識や文字などへの関心・感覚
- 言葉による伝え合い
- 豊かな感性と表現

2 子どもの育ちつつある姿を とらえた記録の方法

保育記録（日誌）から、個人記録、そして経過記録にまとめていくまでを、段階を追って解説します。

◆保育記録（日誌）を書く

　保育記録（日誌）は、日々の保育実践の記録です。その日の活動を羅列するだけではなく、特に気になった場面について、子どもの様子や保育者の対応、思いなどを集団と個の両面から具体的に記述します。

　子どもが活動を通して何を経験しているのかという「過程」が大切です。後から考察できるよう、その場の状況や子どもの表情、言動を丁寧に観察して記録しておきます。

観察のポイント

子どもの姿のココに注目します。

誰がどこで
何をしているのか

何を楽しんで
いるのか

身体の動き
はどうか

どのような
表情をしているか
何を話しているのか

その活動前後の
言葉や行為はどうか

保育者や友だちと、
どのように
関わっているか

記述のポイント

できるだけ具体的に書きます。

〈場面の例〉

● 友だちに怒っている

▷その前後の状況は?

▷怒っている理由は?

▷言葉や表情は?

▷友だちの反応は?

● 保育者の後をついてまわる

▷その前後の状況は?

▷ついてまわる理由は?

▷言葉や表情は?

▷保育者の対応は?

● 保育者にほめられて喜んでいる

▷その前後の状況は?

▷言葉や表情は?

▷その後の行動は?

▷保育者の対応は?

◆保育記録（日誌）から、子どもの育ちをとらえる

　保育記録（日誌）の記述から、一人ひとりの子どもがその場面において「何を楽しんでいるのか」「何に気づいたのか」「何ができるようになってきたのか」「どのような葛藤をしているのか」などを、5つの領域のねらいや3つの資質・能力の視点でとらえ、その活動を通してどのような経験をしているのかという過程を読みとります。

　その際、指導計画（月案）をふまえ、子どもに何を経験してほしかったのか、一人ひとりにとってどのような過程であったのか、何が「育ちつつあるのか」を考えます。同時に、子どもの年齢ごとの発達の特徴をふまえてとらえることが大切です。年齢ごとの発達の特徴と記録のポイントについては、21ページで紹介しています。

　なお、ここで注意したいのは、子どもの経験は、5つの領域や3つの資質・能力それぞれ単独の経験ではなく、重なり合い複合的なものだということです。例えば、砂場で一人遊びを楽しんでいる子どもは、砂山作りに没頭している「健康」面での経験、砂の感触を味わう「環境」面での経験、ほかの経験も同時にしています。

5つの領域と3つの資質・能力

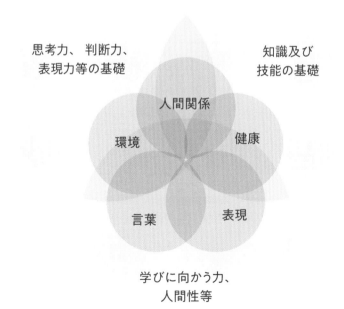

思考力、判断力、
表現力等の基礎

知識及び
技能の基礎

人間関係

環境　　　健康

言葉　　　表現

学びに向かう力、
人間性等

◆子どもの「育ち」をとらえ、個人記録を書く

　月ごとの保育記録（日誌）から、子どもの記述を抜粋し、並べてみます。そのうえで、それぞれの子どもが経験していることを5つの領域（3つの視点）や3つの資質・能力の視点でとらえます。

　例えば、ある4歳児の月の前半の記録に「友だちの遊びの輪には加わらないが、遊んでいる様子を見るという関わりを楽しんでいる」との記載があるとしましょう。この様子から、満3歳以上の園児の教育及び保育に関するねらい及び内容の「人間関係」のうち「保育教諭等や友達と共に過ごすことの喜びを味わう」姿を見てとれます。

　月の後半の記録には「製作がうまくいかない時、友だちにやり方を『教えて』と言い、助けを求める気持ちが育っている」との記載があるとしましょう。この様子から「友達と楽しく活動する中で、共通の目的を見いだし、工夫したり、協力したりなどする」姿が見てとれます。

　もちろん、子どもの育ちは行きつ戻りつで、月の前半にできていたことが、後半にはできていないこともあります。それも含めて「子どもの育ちつつある姿」ととらえます。子ども一人ひとりのその月の育ちを、個人記録としてまとめましょう。

◆個人記録を積み重ね、経過記録としてまとめる

　月ごとの個人記録をもとに、少し長い期間で経過記録をまとめてみると、子どもの育ちの変化がわかります。

　長い期間でとらえることで、子どもの育ちつつある姿がわかり、今後の保育の計画に活かすことができます。また、その子どもの育ちを支援するために、今後どのように保育者が関わっていけばよいかを考える材料になります。

　ここでも、5つの領域や3つの資質・能力の視点を大切にします。5歳児の場合は、「幼児期の終わりまでに育ってほしい姿」も意識するとよいでしょう。

経過記録をまとめる時に意識すること

- 4月当初と比較して、子どもなりの育ちつつある姿をとらえる
- 子どものよさと、今後伸びてほしいことをとらえる
- 家族状況や生活背景も考慮する

◆経過記録の先に要録がある

　期ごとの経過記録を並べることで、年間の子どもの育ちが見えてきます。いずれ、この記録は、要録につながります。保育記録（日誌）→個人記録→経過記録へと記録は積み重なっており、要録は日々の保育と切り離されたものではなく、日々の保育の延長線上にあることがわかります。

　要録は、一人ひとりの子どもの園での生活や遊び、その中で育まれた子どもの資質・能力を適切に小学校や次年度の担任に引き継ぐために大切です。

　とくに５歳児の要録は、小学校の先生に子どもを理解してもらい、小学校生活にスムーズに移行するために重要なものです。小学校の先生が理解しやすい「幼児期の終わりまでに育ってほしい姿」を活用しながら、子どもの育ちを伝えていきましょう。

Column 年齢ごとの発達の特徴と記録のポイント

3歳児

　歩く、走る、跳ぶなど基本的な身体の動きがひと通りできるようになり、自分の思いを言葉で表現できるようになってくる時期なので、それぞれの発達段階に応じて対応するために記録を活用します。

4歳児

　クラスの人間関係が深まり、友だちと一緒に過ごすことが心地よくなるとともに、互いの違いに気づき、学び合う時期です。子どもの言葉や行動から、子どもの中に育ちつつあるものをとらえるために記録を活用しましょう。

5歳児

　園生活の集大成ともいうべき５歳児クラス。これまでの育ちを振り返り、要録を書くことも視野に入れながら、子ども一人ひとりの育ちをとらえていきましょう。

◆記録を園内研修に活かす

　保育の質を向上させるための研修に、記録を活用してみましょう。記録を共有することで、子ども一人ひとりへの理解深まり、子どもの成長への共通の見通しをもつことができます。さらに、園としての保育方針を改めて見直すこともできるでしょう。

　例えば、一つの保育の場面を題材に、そこに見られるそれぞれの子どもの育ちつつある姿を、互いに出し合ってみます。実際の場面でなくとも、本書の第1章から第3章にある架空の子どもを題材にした場面を用いて、「ここで子どもは何を経験しているか」「このときの子どもの気持ちはどうなのか」を想像して記録し、それを持ち寄って話し合ってみてもよいでしょう。

　本書のワークを各自で行い、研修の際にそれぞれの記録を発表し、保育者一人ひとりの子どものとらえ方を学び合います。実在の子どもではないだけに、自由に想像して書くことができることができます。さまざまな場面をとらえて記録してみることで、実際の子どもの姿を幅広い視点でとらえることができるようになります。

　また、いろいろな子どもの姿を記録にまとめる練習は、実際に記録を書くときの役に立つはずです。

保育の記録の流れ

保育記録（日誌）　▶▶▶　個人記録　▶▶▶　経過記録　▶▶▶　要録

第1章

場面で学ぶ
記録とワーク
3歳児

3歳児クラスの子どもの姿を追いながら、
記録の書き方を解説します。一人遊びから少しずつ
友だちの姿を意識し始め、葛藤しながらも人間関係を
築こうとするこの時期の子どもの姿を、
どのように書けばよいのでしょうか。
ワークをしながら学んでいきます。

記録のための基本情報

—年間目標・期のねらい—

記録の基礎となる年間目標、期のねらいを確認します。

たんぽぽこども園 3歳児ほし組のデータ

ここに書いたのは、たんぽぽこども園（架空）の年間目標と期のねらいです。確認してからワークに進みましょう。

年間目標

◎安心して自分を表し、身のまわりのことを自分でできる充実感を味わう。

◎保育者や友だちに親しみを感じ、一緒に過ごすことを楽しむ。

◎身近な社会や自然に親しみ、自分の好きなことを見つけて遊び込む。

◎自分の思いを保育者や友だちに伝える。

期のねらい

1期
- 生活に必要な生活習慣や流れがわかる。
- 保育者や友だちと一緒に過ごす楽しさやうれしさを知る。
- 安心できる場所や好きな遊びを見つけ、くり返し遊ぶ。
- 自分の思いに気づく。

2期
- 園生活に必要な生活習慣を知り、やってみる。
- 友だちと一緒に体を動かして遊ぶ楽しさを味わう。
- 自然の中で伸び伸びと体を動かす心地よさを感じる。
- 自分の思いを保育者や友だちに言葉で伝えようとする。

3期
- 身のまわりのことを自分で行う。
- 友だちとイメージを共有しながら、ゲームや表現を楽しむ。
- 身近な自然を感じ、自然を取り入れて遊びを楽しむ。
- 自分の考えを言ったり、友だちの思いを聞いたりして、一緒に遊ぶことを楽しむ。

子ども理解に向けた記録の視点と書き方

ここから、3歳児かいくんの姿を追い、
その記録のとり方を解説します。

子どもの姿を把握する（3歳児）

　初めて集団生活に入る新入児、保育経験をもってクラスに加わる転入児、乳児クラスからもち上がりの継続児など、多様な育ちの段階にある子どもが集まる3歳児クラス。それぞれの子どもが一緒にいて心地よいと感じられる保育実践が求められます。

　歩く、走る、跳ぶなど基本的な動きがひと通りできるようになり、自分の思いを言葉で表現できるようになってくる時期なので、それぞれの発達の姿をとらえ、適した対応ができるように記録を活用します。一人遊びから少しずつ友だちと関わっていけるよう、育ちを支えていきましょう。

かいの姿

- ●1歳児から入園。
- ●2歳下の妹、3歳下の弟がいる。
- ●母親は看護師だが、育休中。
- ●自然物に対する興味が強い。

子どもの姿を観察し、記録する

　日誌は、クラス全体のことだけでなく、その日の活動を通した子どもの姿を具体的に記します。この記述は、月ごとにまとめる「個人記録」の資料にもなります。

　次のページから、4月のある場面におけるかいの姿と、かいについての記述をもとに書いた個人記録を3日分紹介します。どのような姿をとらえ、どう記録するかを学びましょう。

場面 1	4月○日	積み木

◆４月○日の日誌・かいについての記述

> 一人で積み木で遊んでいる時、友だちがそばに寄ってきて一緒に遊ぼうとしたが、泣いてしまう。「一緒に積み木遊びしたいんだって。先生と３人で遊ぼうか」と話すが、頭を振って嫌がる。

ここをとらえる！

積み木で遊んでいる時、何を楽しんでいたのかをよく観察することで、なぜ「いや」と言ったのかわかります。

子どもの姿を5領域と3つの資質・能力の視点でとらえる

　日誌の記述をもとに、個人記録を書きます。その際、5領域を意識しながら育ちの姿をとらえて書きます。合わせて、3つの資質・能力の視点で子どもの変容を振り返ることで、子どもの育ちつつある姿をとらえましょう。

担任の記録

- 進級後の環境には安心してなじめている。　‥‥‥▶　環境

- 友だちに積み木を取られると勘違いして、泣いてしまう。「一緒に遊ぶと楽しい」と感じる気持ちはまだ育っていない。　‥‥‥▶　人間関係

一人で好きな遊びを見つけ、夢中になることが大切な時期です。
ほかの面にも注目してみましょう。

- 自分の好きな遊びを見つけ、集中して遊ぶことができる。　‥‥‥▶　健康

子どもの何が育ちつつあるのか、3つの資質・能力の視点でもとらえてみましょう。

- 積むことを楽しんだり、手先をコントロールする力が育ちつつある。できたものを何かに見立てることができる創造性が育ちつつある。　‥‥‥▶　知識及び技能の基礎

27

場面		
2	4月×日	登園

◆4月×日の日誌・かいについての記述

弟が生まれ、母親が育休を取って以来、登園をしぶっている。朝、
靴箱のところで泣き、靴を園庭に放り投げる。友だちが靴を拾って
持ってきてくれるが、泣き続ける。

ここをとらえる！

スムーズに、心地よく、安心して園生活ができるような場所、好きなもの、好きな先生について考え、記録に加えましょう。

子どもの姿を5領域と3つの資質・能力の視点でとらえる

担任の記録

● 母親が家で弟と過ごしていることに気づき、なぜ自分は登園しなければならないのかと感じている。 ········▶ 環境

● 自分の問題で心がいっぱいで、友だちの好意に気づきながらも応えられない。 ········▶ 人間関係

 好きな遊びや気持ちの落ち着く場所はどこか、泣くことで何を表現しているのかをとらえましょう。

● 大きな声で泣いたり、物を投げることで気持ちを発散させようとしている。 ········▶ 表現

 子どもの何が育ちつつあるのか、3つの資質・能力の視点でもとらえてみましょう。

● 母親と過ごしたいが過ごせない、という葛藤を抱えながらも、何とか自分の気持ちに折り合いをつけようとしている。 ·········▶ 学びに向かう力、人間性等

◆4月△日の日誌・かいについての記述

「一緒に遊ぼう」と友だちを誘い、ミニカーを走らせて遊ぶ。積み木を並べて「ここ、駐車場」と言う。駐車場に並べた車を友だちが動かしたのを「まだ！」と怒って大きな声を出した。

ここをとらえる！

ミニカーを走らせて何をしようとしていたのか、もっと具体的に書きます。「友だち」の名前とやりたいことも記録しておくとよいでしょう。

子どもの姿を5領域と3つの資質・能力の視点でとらえる

担任の記録

●これまで一人遊びを好んでいたが、最近は友だちとの遊びも楽しくなってきて、自分から声をかけて一緒に遊ぼうとしている。　……▶ 人間関係

●積み木を並べて「駐車場」に見立て、そのイメージを友だちと共有している。　……▶ 表現

ミニカー遊びの中の手順やイメージをもう少し具体的に見ていくと、なぜ「まだ」と言ったのか、理由が見えてきませんか。

●「違う、そうじゃない」という自分の気持ちを言葉で伝えられず、大きな声を出してしまう。　……▶ 言葉

子どもの何が育ちつつあるのか、3つの資質・能力の視点でもとらえてみましょう。

●一緒に遊びたいという気持ちは育ちつつあるが、遊びの進め方の共有はまだできていない。　……▶ 思考力、判断力、表現力等の基礎

◆5月〇日の日誌・かいについての記述

園庭でテントウムシを見つけて喜び、熱心に探している。つかまえたテントウムシを友だちや保育者に見せてまわる。まわりの友だちも、「すごいね」などと言いながらのぞき込んでいる。

ここをとらえる！

テントウムシに気づいた過程や、もともと何をしようとしていてテントウムシを見つけたのかがわかるように書いておくといいですね。

Let's work!

5月○日の姿と日誌から、5領域と3つの資質・能力の視点で
かいをとらえてみましょう。

問1 健康の視点でとらえて書いてみましょう。　　　記録例40ページ

問2 人間関係の視点でとらえて書いてみましょう。　　　記録例42ページ

問3 環境の視点でとらえて書いてみましょう。　　　記録例44ページ

問4 言葉の視点でとらえて書いてみましょう。　　　記録例46ページ

問5 表現の視点でとらえて書いてみましょう。　　　記録例48ページ

問6 3つの資質・能力（「思考力、判断力、表現力等の基礎」「知識及び技能の基礎」「学びに
向かう力、人間性等」）のいずれかの視点でとらえて書いてみましょう。記録例50ページ

場面 5　6月×日　トランプ

◆6月×日の日誌・かいについての記述

トランプで神経衰弱をしている時、めくった2枚のカードが合わず、もう1枚めくろうとした。友だちに「2枚だけだよ」と注意され、「えー！」と言いながらやめたが、次の回ではまためくろうとする。

ここをとらえる！

3歳児に「神経衰弱」は、どんな意味があるのでしょう。絵合わせを楽しんでいるのではないでしょうか。そのあたりもよく観察してみましょう。

Let's work!

6月×日の姿と日誌から、5領域と3つの資質・能力の視点で
かいをとらえ、記録してみましょう。

問7 健康の視点でとらえて書いてみましょう。　　　記録例40ページ

（記入欄）

問8 人間関係の視点でとらえて書いてみましょう。　　　記録例42ページ

（記入欄）

問9 環境の視点でとらえて書いてみましょう。　　　記録例44ページ

（記入欄）

問10 言葉の視点でとらえて書いてみましょう。　　　記録例46ページ

（記入欄）

問11 表現の視点でとらえて書いてみましょう。　　　記録例48ページ

（記入欄）

問12 3つの資質・能力（「思考力、判断力、表現力等の基礎」「知識及び技能の基礎」「学びに
向かう力、人間性等」）のいずれかの視点でとらえて書いてみましょう。記録例50ページ

（記入欄）

<table>
<tr>
<td>場面
6</td>
<td>7月△日</td>
<td>水遊び</td>
</tr>
</table>

◆7月△日の日誌・かいについての記述

砂場のそばに水を張ったたらいを置いたところ、そばにしゃがみ、
カップで水をすくったり、カップを水に沈めたり、ポコっと浮かん
でくるのを楽しんでいる。いろいろためししなが
ら、くり返している。

ここをとらえる！

何をじっと見ているので
しょう。「いろいろ試し
ながら」は、何に気づい
たり、何を楽しんでいる
のでしょう。具体的に書
いてみましょう。

Let's work!

7月△日の姿と日誌から、5領域と3つの資質・能力の視点で
かいをとらえ、記録してみましょう。

問13 健康の視点でとらえて書いてみましょう。　　　記録例40ページ

問14 人間関係の視点でとらえて書いてみましょう。　　　記録例42ページ

問15 環境の視点でとらえて書いてみましょう。　　　記録例44ページ

問16 言葉の視点でとらえて書いてみましょう。　　　記録例46ページ

問17 表現の視点でとらえて書いてみましょう。　　　記録例48ページ

問18 3つの資質・能力（「思考力、判断力、表現力等の基礎」「知識及び技能の基礎」「学びに
向かう力、人間性等」）のいずれかの視点でとらえて書いてみましょう。記録例50ページ

個人記録を経過記録にまとめる

　日々の記録のつみかさねが、月ごとの個人記録となり、さらに経過記録につながります。ここでは、かいの4月～7月の「個人記録」と1期の「経過記録」の例を紹介します。

　ここまでの記録が、月ごとの「個人記録」として、また、期の「経過記録」として、どのようにまとめられるのかを見てみましょう。

　なお、ここに示したのは、担任が書いた記録例です。指導のコメントや書き換え例などとともに読み、参考にしてください。

4月 のかいの個人記録

弟の誕生で母親の関心が自分から少し外れたことを感じとり、気持ちが不安定になっている。すぐに泣いたり怒ったりする姿も見られる。一方で、友だちと関わって遊ぶことの楽しさにも気づき、時には自分から声をかけて友だちと遊ぶ積極性も育ちつつある。園で楽しい時間を過ごすことで、かいのストレスを和らげていきたい。

理由についても考えて書きましょう。

わかりやすく子どもの育ちを示しています。

5月 のかいの個人記録

家庭環境の変化にも慣れ、気持ちの安定をとり戻しつつある。一人遊びを好み、園庭ではおもに虫探しをして遊んでいる。ある日、テントウムシをつかまえたことが非常にうれしく、保育者や友だちに見せてまわっていた。友だちから「すごいね」と言われ、気をよくしている。虫探しを通して、友だちとの会話も増えてきた。「虫博士」として認識されることでかいの自信を育て、成長につなげていきたい。

次につながるきっかけを考察し記録することは大切です。

6月 のかいの個人記録

雨の日の遊びとして紹介したトランプ遊びが気に入り、友だちを誘って遊んでいる。ルールの理解がまだあやふやで、時々間違えて友だちに注意される。以前であれば、怒ったり泣いたりしていたところだが、友だちの言葉を素直に受け入れ、気持ちを調整する姿に成長を感じる。

7月 のかいの個人記録

砂場遊びでは、カップに砂を詰め、プリンのようにひっくり返して喜んでいる。砂場遊びを発展させたいと、水を張ったたらいを砂場のそばに置いたところ、カップで水をすくい始めた。カップから水を手の上にじゃーっと流し、冷たさを味わったり、水の感触を楽しんだりしている。また、砂の上に水を垂らすと砂の色が変わることに気づくなど、物事をよく観察している姿がある。

遊びをくり返し楽しみながら、気づいたり試したりする姿がよくわかります。

1期 のかいの経過記録

きょうだいの誕生で一時的に気持ちが不安定になったが、好きな遊びを通して友だちとの関わりをもちながら、楽しい時間を過ごすうちに気持ちが落ち着いてきた。自分から友だちに一緒に遊ぼうと声をかける積極性も見られ、思いどおりにいかない場面でも自分の気持ちを抑えながら関われるようになっている。虫や水などの自然物に興味をもち、じっくりと探求している。好きなこと、得意なことをより楽しめるように、2期の園生活を見守っていきたい。

「虫博士」として認識されるようになったことで得られた自信や成長についても考察し、書き加えてみましょう。

3歳児の記録・文例

「健康」の領域をとらえた記録の例です。子どものどのような姿に着目し、どうとらえるのか、「幼保連携型認定こども園教育・保育要領　第2章　第3　健康」を確認しながら理解しましょう。

〔健康な心と体を育て、自ら健康で安全な生活をつくり出す力を養う。〕
1　ねらい
(1)明るく伸び伸びと行動し、充実感を味わう。
(2)自分の体を十分に動かし、進んで運動しようとする。
(3)健康、安全な生活に必要な習慣や態度を身に付け、見通しをもって行動する。

幼保連携型認定こども園教育・保育要領　第2章　第3　健康 より抜粋

※内容は、巻末資料125ページ参照

文例

素早く動くテントウムシをつかまえたくてじっとねらい、そっとつかまえる。

場面4・問1の記録例

トランプ遊びに集中して取り組んでいる。

場面5・問7の記録例

興味をもった遊びにくり返し取り組み、充実感を味わっている。

場面6・問13の記録例

水遊びで着替える時、Tシャツからなかなか首が抜けずにもぞもぞしているが、かんしゃくを起こさず、最後まで自分でやり抜く。

避難訓練で上ばきのまま園庭に出たところ、「急いで逃げるからだよね」と友だちに話している。

散歩から帰り、保育者に言われなくてもうがいをする。上を向いてガラガラ、下を向いてペッと吐き出すことができる。

Let's work!

イラストから、自分の経験の中で似ている場面を思い浮かべ、
「健康」の視点で記録を書いてみましょう。

問19

記録例51ページ

問20

記録例51ページ

1

場面で学ぶ記録とワーク　3歳児

３歳児の記録・文例

人間関係

「人間関係」の領域をとらえた記録の例です。子どものどのような姿に着目し、どうとらえるのか、「幼保連携型認定こども園教育・保育要領　第2章　第3　人間関係」を確認しながら理解しましょう。

〔他の人々と親しみ、支え合って生活するために、自立心を育て、人と関わる力を養う。〕
1　ねらい
⑴幼保連携型認定こども園の生活を楽しみ、自分の力で行動することの充実感を味わう。
⑵身近な人と親しみ、関わりを深め、工夫したり、協力したりして一緒に活動する楽しさを味わい、愛情や信頼感をもつ。
⑶社会生活における望ましい習慣や態度を身に付ける。

幼保連携型認定こども園教育・保育要領　第2章　第3　人間関係 より抜粋

※内容は、巻末資料126ページ参照

文例

テントウムシをつかまえるとうれしくて、保育者や友だちに見せて、喜びを共有しようとする。　　　　　　　　　　　場面4・問2の記録例

友だちがやっているトランプ遊びに興味をもち、一緒にやりたいという気持ちが芽生えている。　　　　　　　　　　場面5・問8の記録例

保育者の視線や友だちの気配を感じながら、水遊びをじっくりと楽しんでいる。　　　　　　　　　　　　　　　場面6・問14の記録例

お迎え時、母親の顔を見て一気に泣き出す。理由を聞くと、散歩の時、友だちにいじわるをされたが、「嫌だと言いたくても言えなかった」と言う。

友だちが作った新聞紙の剣がうらやましく「ぼくも作りたい」と言い、友だちにやり方を教わりながら作っている。

Let's work!

イラストから、自分の経験の中で似ている場面を思い浮かべ、
「人間関係」の視点で記録を書いてみましょう。

問21

記録例51ページ

問22

記録例51ページ

3歳児の記録・文例

「環境」の領域をとらえた記録の例です。子どものどのような姿に着目し、どうとらえるのか、「幼保連携型認定こども園教育・保育要領　第2章　第3　環境」を確認しながら理解しましょう。

〔周囲の様々な環境に好奇心や探究心をもって関わり、それらを生活に取り入れていこうとする力を養う。〕
1　ねらい
(1)身近な環境に親しみ、自然と触れ合う中で様々な事象に興味や関心をもつ。
(2)身近な環境に自分から関わり、発見を楽しんだり、考えたりし、それを生活に取り入れようとする。
(3)身近な事象を見たり、考えたり、扱ったりする中で、物の性質や数量、文字などに対する感覚を豊かにする。

幼保連携型認定こども園教育・保育要領　第2章　第3　環境 より抜粋

※内容は、巻末資料127ページ参照

文例

テントウムシの色や形に興味をもち、じっくり観察している。
　　　　　　　　　　　　　　　　　　　場面4・問3の記録例

トランプのルールがよく理解できていない。友だちをまねしながら参加し、間違いを指摘されるが、あまり納得できないでいる。　　場面5・問9の記録例

水の冷たさを感じながら、夏ならではの遊びを楽しむ。　場面6・問15の記録例

落ち葉を見てから木を見上げ、「葉っぱがなくて寒そうだね」と言う。

友だちが積み木で遊んでいる隣で、自分も積み木で塔を作り、「○○ちゃんより高くできた」と言う。

Let's work!

イラストから、自分の経験の中で似ている場面を思い浮かべ、
「環境」の視点で記録を書いてみましょう。

問23

ここは 🐊 だから
〇〇くんのところ

記録例51ページ

問24

名前を
つけよう！

いいね！

記録例51ページ

3歳児の記録・文例

言葉

「言葉」の領域をとらえた記録の例です。子どものどのような姿に着目し、どうとらえるのか、「幼保連携型認定こども園教育・保育要領　第2章　第3　言葉」を確認しながら理解しましょう。

〔経験したことや考えたことなどを自分なりの言葉で表現し、相手の話す言葉を聞こうとする意欲や態度を育て、言葉に対する感覚や言葉で表現する力を養う。〕
1　ねらい
⑴自分の気持ちを言葉で表現する楽しさを味わう。
⑵人の言葉や話などをよく聞き、自分の経験したことや考えたことを話し、伝え合う喜びを味わう。
⑶日常生活に必要な言葉が分かるようになるとともに、絵本や物語などに親しみ、言葉に対する感覚を豊かにし、保育教諭等や友達と心を通わせる。

幼保連携型認定こども園教育・保育要領　第2章　第3　言葉 より抜粋

※内容は、巻末資料128ページ参照

文例

つかまえたテントウムシを「見て」と言いながら、見せている。言葉は少ないながらも、うれしい気持ちが伝わってくる。　　　　場面4・問4の記録例

トランプ遊びのルールがあまり理解できていないが、友だちに言葉で説明されると、いったんは納得している。　　　　場面5・問10の記録例

水の感触をじっくりと味わい、口にはまだ出せないが、心の中に言葉をたくさんため込んでいるようである。　　　　場面6・問16の記録例

1日の活動の振り返りの時間には、楽しかったこと、困ったことなどをみんなの前で発表する。発表を嫌がって、これまで一言も発言したことがなかったが、今日初めて「散歩の時、カエルを見たのが楽しかった」と言えた。

朝の会で「今日、朝ごはんにパンを食べた人？」と保育者に聞かれ、小さい声で「はい」と答えることができる。

Let's work!

イラストから、自分の経験の中で似ている場面を思い浮かべ、
「言葉」の視点で記録を書いてみましょう。

問25

記録例52ページ

問26

記録例52ページ

1

場面で学ぶ記録とワーク　3歳児

3歳児の記録・文例

表現

「表現」の領域をとらえた記録の例です。子どものどのような姿に着目し、どうとらえるのか、幼保連携型認定こども園教育・保育要領　第2章　第3　表現」を確認しながら理解しましょう。

〔感じたことや考えたことを自分なりに表現することを通して、豊かな感性や表現する力を養い、創造性を豊かにする。〕
1　ねらい
(1)いろいろなものの美しさなどに対する豊かな感性をもつ。
(2)感じたことや考えたことを自分なりに表現して楽しむ。
(3)生活の中でイメージを豊かにし、様々な表現を楽しむ。

幼保連携型認定こども園教育・保育要領　第2章　第3　表現 より抜粋

※内容は、巻末資料129ページ参照

文例

テントウムシを見つけた喜びを、手に乗せてみんなに見せてまわるという行動で表現している。
場面4・問5の記録例

トランプ遊びで、友だちにミスを指摘された残念な気持ちを「えー」と言うだけでおさめて、場の雰囲気を壊すことなく遊びを続けている。
場面5・問11の記録例

水という素材に触れ、その感触に関心をもち、くり返し関わる。
場面6・問17の記録例

お絵かき遊びで、紙皿に好きな色のクレヨンでぐるぐる丸を描き、「スパゲッティ」を表現している。赤や青、ピンクなど何色も使って集中して描いている。

運動会で踊るダンスで、お尻を振るのがコミカルで楽しく、その部分になると大声で笑う。

Let's work!

イラストから、自分の経験の中で似ている場面を思い浮かべ、
「表現」の視点で記録を書いてみましょう。

問27

記録例52ページ

問28

記録例52ページ

3歳児の記録・文例

「思考力、判断力、表現力等の基礎」「知識及び技能の基礎」「学びに向かう力、人間性等」の視点でとらえた記録の例です。子どもができるようになったり、遊びに工夫が見られるようになっていく過程をとらえると、どのような記録になるのかを確認しましょう。

文例

テントウムシがどこにいるかイメージを膨らませながら、葉の裏や草むらなどを探そうとする思考力が育ちつつある。

場面4・問6の記録例（思考力、判断力、表現力等の基礎）

トランプ遊びのルールがよくわからないまま遊びに参加しているが、友だちに注意をされたことを理解しようと努める姿がある。

場面5・問12の記録例（学びに向かう力、人間性等）

水に手を触れたり、すくったりしながら十分に味わうことで、水という素材を理解しつつある。

場面6・問18の記録例（知識及び技能の基礎）

園庭で育てているプチトマトを見て、給食に出たプチトマトと同じ種類の野菜だと気づいた。「どんな味がするのかな」と、食べてみようとする意欲につなげている。

（思考力、判断力、表現力等の基礎）

散歩で消防署の前を通りかかった際、消防車が出動するのを興味深く眺め、図鑑で見て知っていた消防車の仕事についての理解を深めている。

（知識及び技能の基礎）

自由遊びの時間に描いた母親の顔の絵を「持って帰ってお母さんに見せたい」と言い、保育者がくるくると丸めて輪ゴムで止めて渡したのを大事そうに自分のカバンに入れている。

（学びに向かう力、人間性等）

Let's work! 問19〜28　記録例

問19

> 遠足では、1時間ほどかかる道のりを「疲れた」と言いながらも、がんばって歩き通す。

問20

> 給食のサラダにトマトが出たが、これまで食べられなかったのを「食べてみる」と言って口に入れている。

問21

> 友だちに足がぶつかり、「痛い！」と言われる。わざとじゃないのにという思いを抱えながらも「ごめんね」と謝る。

問22

> ブランコの順番を待っていたが、友だちに横入りをされ、泣き出しそうになりながらも黙っている。

問23

> ロッカーの扉にそれぞれの名前とマークがついているが、自分以外の子どものロッカーを指し、「ここはワニマークだから○○くんのところ」と認識している。

問24

> 友だちが公園で見つけたカタツムリを保育室で飼うことになった。「名前をつけよう」と言って張り切っている。

問25

友だちに「遊ぼう」と言うが、「○○ちゃんと遊ぶからダメ」と言われ、がっかりしている。

問26

保育者が「夏休みはどこか行ったの？　先生は海に行ったんだ」と聞くと、「遊園地に行ったよ」と自分の経験を言葉にして答えている。

問27

保育者がオオカミ役になり、子どもたちがヤギになって逃げるというごっこ遊びでは、「オオカミがきたー！　逃げろー」と、ヤギになりきって遊んでいる。

問28

窓から見える夕焼けに気づき、「先生、見て！　お空、赤い！」と感動を伝えようとしている。

第2章

場面で学ぶ
記録とワーク
4歳児

4歳児クラスの子どもの姿を追いながら、
記録の書き方を解説します。クラスの人間関係が深まり、
友だちと一緒が心地よくなってくる
この時期の子どもの育ちを
どのように書けばよいのでしょうか。

記録のための基本情報

──年間目標・期のねらい──

記録の基礎となる年間目標、
期のねらいを確認します。

たんぽぽこども園
４歳児つき組のデータ

ここに書いたのは、たんぽぽこども園（架空）の年間目標と期のねらいです。確認してからワークに進みましょう。

年間目標

◎意欲的に活動に取り組み、自主性を育てる。

◎友だちや保育者との関わりを通して、感情表現を豊かにする。

◎身近な社会事象や身のまわりの事物や数、量、形などに関心をもつ。

◎イメージを広げ、言葉を豊かにし、様々な方法で自由に表現する。

期のねらい

1期
- クラスの環境に慣れ親しみ、自分の思いを発揮し、身のまわりのことに意欲的に取り組む。
- 生活や遊びを通して保育者や友だちに親しみをもつ。
- 好きな遊びを見つけ、じっくり遊ぶことを楽しむ。
- 友だちがしていることに興味・関心をもち、一緒に遊ぶ楽しさやおもしろさを感じる。

2期
- 自然や行事を楽しみ、友だちと共有し、喜びを味わう。
- 夏の経験を友だちや保育者と再現し、共有しながら楽しむ。
- 飼育や栽培を通して身近な生き物に触れ、興味・関心をもつ。
- 自分の思いを伝えたり、友だちの思いを聞いたりしながら、目標やイメージを共有して遊び、達成感を得る。

3期
- 進級することへの喜びと期待をもつ。
- 一つのテーマを共有し、友だちと協力し、意見を出し合って遊ぶことを楽しむ。
- 日本の伝統文化に親しみをもち、楽しむ。
- 季節の移り変わりやそれぞれの時期特有の自然や気候に親しむ。

子ども理解に向けた記録の視点と書き方

ここから、4歳児あやちゃんの姿を追い、
その記録のとり方を解説します。

子どもの姿を把握する（4歳児）

　多くの子どもが園生活に慣れ、落ち着いて過ごせるようになる4歳児クラス。クラスの人間関係が深まり、友だちと一緒に過ごすことが心地よくなる時期なので、グループで遊ぶ楽しさが体験できるような保育が求められます。

　友だちとの関わりの中で、互いの違いに気づき、学び合う機会を積極的につくりましょう。子どもの言葉や行動から、子どもの中に育ちつつあるものをとらえるために記録を活用します。充実した園生活を通して、子どものよりよい育ちにつなげていきましょう。

あやの姿

● 2歳児から入園。
● 家族は父、母。一人っ子。
● 環境になじむまでに時間がかかる。
● 手先を使う遊びが好き。

子どもの姿を観察し、記録する

　日誌は、クラス全体のことだけでなく、その日の活動を通した子どもの姿を具体的に記します。この記述は、月ごとにまとめる「個人記録」の資料にもなります。

　次のページから、4月のある場面におけるあやの姿と、あやについての記述をもとに書いた個人記録を3日分紹介します。どのような姿をとらえ、どう記録するかを学びましょう。

◆4月○日の日誌・あやについての記述

進級して、クラスや担任が変わる。新しい保育者とうまく関われず、

昨年からのもち上がりで担任となった保育者の後をついてまわる。

ここをとらえる！

その子の遊びや活動を通して関係をもつために、好きな遊びや好きなものを観察し、記録に加えましょう。前の担任に確認することも大切です。

子どもの姿を5領域と3つの資質・能力の視点でとらえる

　日誌の記述をもとに、個人記録を書きます。その際、5領域を意識しながら育ちの姿をとらえて書きます。合わせて、3つの資質・能力の視点で子どもの変容を振り返ることで、子どもの育ちつつある姿をとらえましょう。

担任の記録

- 新しい環境に溶け込むのに時間がかかっている。　⋯⋯⋯▶ 健康

- 前任の保育者との信頼関係が築けている。　⋯⋯⋯▶ 人間関係

> 人間関係はわかりやすい視点ですが、ほかの領域はどうですか？
> 環境を通して、よいところやほめるところをとらえてみましょう。

- 前任の保育者のあとをついて歩きながら、好きなものを見つけようとしている。　⋯⋯⋯▶ 環境

> 子どもの何が育ちつつあるのか、3つの資質・能力の視点でもとらえてみましょう。

- 信頼できる保育者のそばで安心しながら状況を観察し、新しい環境が心地よくないという ⋯⋯⋯▶ 自分の気持ちを表現しようとしている。　学びに向かう力、人間性等

◆4月×日の日誌・あやについての記述

登園後、身支度をせず、ぼうっと座っている。保育者が「かばんを
しまってこようか」と声をかけると、ぷいと横をむく。保育者の顔
を見ながら他児をたたいたり、机の上にのぼっ
たりする。

ここをとらえる！

前日までの子どもの様子
や子どもの好きな活動に
ついて、押さえましょう。
また、友だちをたたく前
の状況を観察しましょ
う。

子どもの姿を5領域と3つの資質・能力の視点でとらえる

担任の記録

●新しい環境になじめず、自分の居場所がわか ·········▶ 　環境
　らずにいる。

●保育者の言うことを聞かない、保育者の顔を
　見ながら他児をたたくなど、保育者の目を自 ·········▶ 　人間関係
　分に向けたい気持ちがある。

どうすればあやと心地のよい関係がつくれるかをとらえ、
記録してみましょう。

●まだ自分の気持ちをうまく表現できない。 ·········▶ 　表現

子どもの何が育ちつつあるのか、3つの資質・能力の視点
でもとらえてみましょう。

●葛藤しながら、新しい環境に適応しようとす ·········▶ 学びに
　る姿が育ちつつある。 向かう力、
人間性等

◆4月△日の日誌・あやについての記述

空き箱を組み合わせて家を作ろうとしている。「うまくできない！」
と、途中で作品を壊してしまう。保育者が「一緒にやろうか？」と
声をかけると、「だって、できないもん」と言う。

ここをとらえる！

どのような形や大きさの
空き箱を選んでいるの
か、どのような手順でや
ろうとしているのかも、
書いておくとよいでしょ
う。

子どもの姿を5領域と3つの資質・能力の視点でとらえる

担任の記録

●自分のイメージをもち、それを形にしようと　　⋯⋯⋯▶　**表現**
　している　が、うまくできない葛藤がある。

●「うまくできない」「だってできないもん」　　⋯⋯⋯▶　**言葉**
　と言う。

> やろうとすることがまだうまくできない葛藤がありながら
> も育っている姿について書いてみましょう。

●一定の時間、集中して家を作ろうとする姿が　　⋯⋯⋯▶　**健康**
　ある。

> 子どもの何が育ちつつあるのか、3つの資質・能力の視点
> でもとらえてみましょう。

●自分のイメージを形にするために、試行錯誤　　⋯⋯⋯▶　思考力、判断力、
　する力が育ちつつある。　　　　　　　　　　　　　　　表現力等の
　　　　　　　　　　　　　　　　　　　　　　　　　　　　基礎

2

場面で学ぶ記録とワーク　4歳児

場面 10	5月○日	自由遊び

◆5月○日の日誌・あやについての記述

登園後、身支度をすませるとさっと園庭に出るが、遊びに入らず、クラスの友だちが鬼ごっこをしているのをそばで見ている。保育者が「一緒にやろう」と声をかけるが、ううん、と首をふる。

ここをとらえる！

鬼ごっこに加わらずそばで見ているのはなぜか、見て楽しんでいるのか、入りたいけれど入れないのか、観察して書きましょう。

5月○日の姿と日誌から、5領域と3つの資質・能力の視点で
あやをとらえ、記録してみましょう。

問29 健康の視点でとらえて書いてみましょう。　　　　記録例70ページ

問30 人間関係の視点でとらえて書いてみましょう。　　　記録例72ページ

問31 環境の視点でとらえて書いてみましょう。　　　　記録例74ページ

問32 言葉の視点でとらえて書いてみましょう。　　　　記録例76ページ

問33 表現の視点でとらえて書いてみましょう。　　　　記録例78ページ

問34 3つの資質・能力（「思考力、判断力、表現力等の基礎」「知識及び技能の基礎」「学びに
向かう力、人間性等」）のいずれかの視点でとらえて書いてみましょう。　記録例80ページ

◆ ６月×日の日誌・あやについての記述

> 友だちと２人で積み木を高く積んで遊んでいる。友だちが足を引っ
> かけ、崩れてしまったため、泣きだす。「ごめんね」と言われても、
> それには答えず泣いている。

ここをとらえる！

トラブルの場面だけに注目せず、積み木を高く積んだ場面をもう少し具体的に書きましょう。

6月×日の姿と日誌から、5領域と3つの資質・能力の視点で
あやをとらえ、記録してみましょう。

問35　健康の視点でとらえて書いてみましょう。　　　記録例70ページ

問36　人間関係の視点でとらえて書いてみましょう。　　　記録例72ページ

問37　環境の視点でとらえて書いてみましょう。　　　記録例74ページ

問38　言葉の視点でとらえて書いてみましょう。　　　記録例76ページ

問39　表現の視点でとらえて書いてみましょう。　　　記録例78ページ

問40　3つの資質・能力（「思考力、判断力、表現力等の基礎」「知識及び技能の基礎」「学びに
向かう力、人間性等」）のいずれかの視点でとらえて書いてみましょう。記録例80ページ

◆ 7月△日の日誌・あやについての記述

七夕で輪つなぎ製作を行った。初めはうまく輪にならず破いてやめようとしたが、友だちに手伝ってもらって4つほどつなぎ合わせることができた。コツをつかんだようで「もっとやりたい」と言い、その後は一人で取り組み、自分の身長より長くなった輪つなぎを友だちや保育者に見せていた。

ここをとらえる！

うまく輪ができなかった時の気持ちと、つなげられた時の状況をもう少し具体的に書きましょう。

Let's work!

7月△日の姿と日誌から、5領域と3つの資質・能力の視点で
あやをとらえ、記録してみましょう。

問41 健康の視点でとらえて書いてみましょう。　　　記録例70ページ

問42 人間関係の視点でとらえて書いてみましょう。　　　記録例72ページ

問43 環境の視点でとらえて書いてみましょう。　　　記録例74ページ

問44 言葉の視点でとらえて書いてみましょう。　　　記録例76ページ

問45 表現の視点でとらえて書いてみましょう。　　　記録例78ページ

問46 3つの資質・能力（「思考力、判断力、表現力等の基礎」「知識及び技能の基礎」「学びに
向かう力、人間性等」）のいずれかの視点でとらえて書いてみましょう。　記録例80ページ

個人記録を経過記録にまとめる

　日々の記録のつみかさねが、月ごとの個人記録となり、さらに経過記録につながります。ここでは、あやの4月～7月の「個人記録」と1期の「経過記録」の例を紹介します。

　ここまでの記録が、月ごとの「個人記録」として、また、期の「経過記録」として、どのようにまとめられるのかを見てみましょう。

　なお、ここに示したのは、担任が書いた記録例です。指導のコメントや書き換え例などとともに読み、参考にしてください。

4月 のあやの個人記録

新しい環境に不安があり、信頼できる保育者のそばでまわりの様子を見ながら、徐々にクラスになじんでいった。保育者や友だちと関わりたい気持ちはあるが、うまく表現できず、わざと悪いことをして気をひこうとする。自分に自信がもてないからではないかと思うので、生活の自立などで徐々にできることを増やしながら自己肯定感を育てていきたい。

マイナスの表現は控え、育ちつつある姿としてとらえます。

例
葛藤しながらも人と関わろうとする姿が育ちつつある。

どのように育てていくのか、具体的に書きましょう。

5月 のあやの個人記録

朝の身支度は保育者が寄り添いながら行ったことで気持ちが安定し、落ち着いて取り組む姿が育ちつつある。連休明けには自分でできるようになった。登園後、遊びに入るまでの時間が短くなり、生活がスムーズにまわっている。友だちの遊ぶ様子に関心を示し、一緒に遊びたい気持ちが育ってきている。好きな遊びに友だちを誘うなどしながら、見守っていきたい。

6月 のあやの個人記録

室内遊びを好み、最近は毎日、積み木コーナーで遊んでいる。その場にいる友だちと一緒に「ビル」を作るなど、少しずつ友だちと関わりながら遊べるようになってきた。まだ自分の気持ちを言葉で伝えることはできず、思いどおりにいかないことがあると泣くことが多い。言葉でのやりとりができるように仲立ちしていきたい。

何を楽しんでいるのか、具体的に書きましょう。

できないのではなく、「葛藤する姿が育ちつつある」ととらえましょう。

そのための関わり方を具体的に書くとよいですね。

7月 のあやの個人記録

手先を使った活動が好きで、熱心に取り組む。うまくいかなくても、最近は投げ出さず、試行錯誤しながら取り組む姿が見られる。七夕の飾りの製作では、友だちにやり方を教わる姿も見られた。困った時に助けを求められるようになったことは大きな進歩である。あやのがんばった姿を認めながら、自信を高め、いろいろな活動にも前向きに取り組めるようにしていきたい。

具体的に書きましょう。

どのように試行錯誤しているのでしょう。

1期 のあやの経過記録

新しい環境になじむまでに時間がかかり、不安な気持ちを保育者に理解してほしいという気持ちがあるが、それをうまく表現できずにいる。積み木や製作など手先を使った遊びが好きで、熱心に取り組む。自分なりのイメージがあるようで、それがうまくいかないとかんしゃくを起こすなど葛藤する姿が見られたが、次第に気持ちが抑えられるようになってきている。助けを求めるなど、友だちとの関係も育ちつつある。

保育者は、どのように関わるとよいかまで考えて書きましょう。

大切な表現です。

4歳児の記録・文例

「健康」の領域をとらえた記録の例です。子どものどのような姿に着目し、どうとらえるのか、「幼保連携型認定こども園教育・保育要領　第2章　第3　健康」を確認しながら理解しましょう。

〔健康な心と体を育て、自ら健康で安全な生活をつくり出す力を養う。〕
1　ねらい
(1)明るく伸び伸びと行動し、充実感を味わう。
(2)自分の体を十分に動かし、進んで運動しようとする。
(3)健康、安全な生活に必要な習慣や態度を身に付け、見通しをもって行動する。

幼保連携型認定こども園教育・保育要領　第2章　第3　健康 より抜粋

※内容は、巻末資料125ページ参照

文例

登園後の身支度の手順がわかり、自分で行うことができる。

場面10・問29の記録例

室内遊びでは、積み木を高く積もうという意欲をもって集中して取り組んでいる。

場面11・問35の記録例

輪つなぎ製作では、うまくいかないもどかしさに苛立ちを覚えながらも熱心に取り組むうちにコツを覚え、じょうずにできるようになる。

場面12・問41の記録例

鉄棒が大好きでよくぶら下がっているが、鉄棒にのって体を前に倒すことは怖くてできない。保育者がそばにつき、落ちないように支えながら練習している。

かけっこでは、保育者にスタートの合図をしてくれと頼み、友だちと競争している。勝ちたいという思いから、早く走ろうとする。

コマに夢中になって練習をするが、思うようには回せず、いらいらしている。

Let's work!

イラストから、自分の経験の中で似ている場面を思い浮かべ、
「健康」の視点で記録を書いてみましょう。

問47

記録例81ページ

問48

記録例81ページ

4歳児の記録・文例

人間関係

「人間関係」の領域をとらえた記録の例です。子どものどのような姿に着目し、どうとらえるのか、「幼保連携型認定こども園教育・保育要領　第2章　第3　人間関係」を確認しながら理解しましょう。

〔他の人々と親しみ、支え合って生活するために、自立心を育て、人と関わる力を養う。〕
1　ねらい
(1)幼保連携型認定こども園の生活を楽しみ、自分の力で行動することの充実感を味わう。
(2)身近な人と親しみ、関わりを深め、工夫したり、協力したりして一緒に活動する楽しさを味わい、愛情や信頼感をもつ。
(3)社会生活における望ましい習慣や態度を身に付ける。

幼保連携型認定こども園教育・保育要領　第2章　第3　人間関係 より抜粋

※内容は、巻末資料126ページ参照

文例

友だちの遊びの輪には加わらないが、遊んでいる様子を見るという関わりを楽しんでいる。
〔場面10・問30の記録例〕

友だちがみんなで遊んでいる様子に関心があり、少し離れた場所で見ている。まだ一緒に活動する気持ちにはなれていない。
〔場面11・問36の記録例〕

製作がうまくいかない時、友だちにやり方を「教えて」と言い、助けを求める気持ちが育っている。
〔場面12・問42の記録例〕

一人で所在なさげにしていたので、保育者から「○○ちゃんも一緒に遊ぼう」と誘ってみてはと声をかけた。小さな声で「遊ぼう」と声をかけていた。

友だちが困っていると「手伝ってあげる」と言いながら手伝うが、おせっかいが過ぎる面がある。手伝ってもらいたくなくて「いい」と断る友だちのことも手伝おうとするので、けんかになることがある。

Let's work!

イラストから、自分の経験の中で似ている場面を思い浮かべ、
「人間関係」の視点で記録を書いてみましょう。

問49

記録例81ページ

問50

記録例81ページ

4歳児の記録・文例

環境

「環境」の領域をとらえた記録の例です。子どものどのような姿に着目し、どうとらえるのか、「幼保連携型認定こども園教育・保育要領 第2章 第3 環境」を確認しながら理解しましょう。

〔周囲の様々な環境に好奇心や探究心をもって関わり、それらを生活に取り入れていこうとする力を養う。〕

1 ねらい

(1)身近な環境に親しみ、自然と触れ合う中で様々な事象に興味や関心をもつ。

(2)身近な環境に自分から関わり、発見を楽しんだり、考えたりし、それを生活に取り入れようとする。

(3)身近な事象を見たり、考えたり、扱ったりする中で、物の性質や数量、文字などに対する感覚を豊かにする。

幼保連携型認定こども園教育・保育要領 第2章 第3 環境 より抜粋

※内容は、巻末資料127ページ参照

文例

朝、身支度をすませるとサッと園庭に出て、外の空間ならではの開放感をじっくりと味わう姿がある。 　　　　　　　　　　　　　　　 場面10・問31の記録例

どうすれば高く積めるのかを考えたり、工夫しながら、積み木で遊んでいる。 　　　　　　　　　　　　　　　　　　　 場面11・問37の記録例

保育室に飾ることをイメージしながら、折り紙で輪つなぎを作っている。 　　　　　　　　　　　　　　　　　　　 場面12・問43の記録例

いも掘り遠足に向けて、みんなで絵本や図鑑でさつまいものことを調べている。さつまいもを食べるモグラの絵を図鑑で調べて描いてきてみんなに説明している。

生活や遊びの見通しが理解しにくい子どものことをよく見ていて、ふだんから気にかけて手伝おうとする。

Let's work!

イラストから、自分の経験の中で似ている場面を思い浮かべ、
「環境」の視点で記録を書いてみましょう。

問51

記録例81ページ

問52

記録例81ページ

4歳児の記録・文例

「言葉」の領域をとらえた記録の例です。子どものどのような姿に着目し、どうとらえるのか、「幼保連携型認定こども園教育・保育要領　第2章　第3　言葉」を確認しながら理解しましょう。

〔経験したことや考えたことなどを自分なりの言葉で表現し、相手の話す言葉を聞こうとする意欲や態度を育て、言葉に対する感覚や言葉で表現する力を養う。〕
1　ねらい
(1)自分の気持ちを言葉で表現する楽しさを味わう。
(2)人の言葉や話などをよく聞き、自分の経験したことや考えたことを話し、伝え合う喜びを味わう。
(3)日常生活に必要な言葉が分かるようになるとともに、絵本や物語などに親しみ、言葉に対する感覚を豊かにし、保育教諭等や友達と心を通わせる。

幼保連携型認定こども園教育・保育要領　第2章　第3　言葉 より抜粋

※内容は、巻末資料128ページ参照

文例

友だちと一緒に遊びたくない気持ちを言葉には出せず、「ううん」と首をふることで返事をしている。
場面10・問32の記録例

友だちとトラブルになり、相手が「ごめんね」と謝ってくれたが、どう答えてよいかわからずにいる。
場面11・問38の記録例

輪つなぎ製作が楽しくなり、「もっとやりたい」と言葉で表現しながら、熱心に取り組んでいる。
場面12・問44の記録例

自分から友だちに「遊ぼう」と声をかけ、ままごと遊びが始まった。恥ずかしそうにしながらも「どうぞ」「いらっしゃいませ」などとやりとりが続く。

友だちと2人で人形のお世話遊びをしていたが、Bが「入れて」と言ってきた。友だちと2人だけで遊びたかったのか「ダメ」と断り、Bを泣かせてしまった。泣いているBを見て、気まずそうにしている。

Let's work!

イラストから、自分の経験の中で似ている場面を思い浮かべ、
「言葉」の視点で記録を書いてみましょう。

問53

記録例82ページ

問54

記録例82ページ

2

場面で学ぶ記録とワーク　4歳児

4歳児の記録・文例

「表現」の領域をとらえた記録の例です。子どものどのような姿に着目し、どうとらえるのか、「幼保連携型認定こども園教育・保育要領　第2章　第3　表現」を確認しながら理解しましょう。

〔感じたことや考えたことを自分なりに表現することを通して、豊かな感性や表現する力を養い、創造性を豊かにする。〕
1　ねらい
(1)いろいろなものの美しさなどに対する豊かな感性をもつ。
(2)感じたことや考えたことを自分なりに表現して楽しむ。
(3)生活の中でイメージを豊かにし、様々な表現を楽しむ。

幼保連携型認定こども園教育・保育要領　第2章　第3　表現 より抜粋

※内容は、巻末資料129ページ参照

文例

「今は一緒に活動したくない」という気持ちを、首を横にふることで表現している。

場面10・問33の記録例

積み木が崩れてしまったことで、くやしい気持ちを泣くことで表現している。

場面11・問39の記録例

製作でうまくできない時、投げ出しそうになるが、思いとどまることができる。

場面12・問45の記録例

お絵かき遊びでは、「雨を描くね」と言いながら、青や水色、紫などのクレヨンを使って表現している。

友だちと一緒にレースの布を頭からかぶり、「お姫さま」になって遊んでいる。

Let's work!

イラストから、自分の経験の中で似ている場面を思い浮かべ、
「表現」の視点で記録を書いてみましょう。

問55

記録例82ページ

問56

記録例82ページ

4歳児の記録・文例

3つの
資質・能力

「思考力、判断力、表現力等の基礎」「知識及び技能の基礎」「学びに向かう力、人間性等」の視点でとらえた記録の例です。子どもができるようになったり、遊びに工夫が見られるようになっていく過程をとらえると、どのような記録になるのかを確認しましょう。

文例

> 友だちが遊ぶ様子を興味をもって見るという形で、その遊びに参加しながら、やりたいという気持ちを育てつつある。
>
> 場面10・問34の記録例（学びに向かう力、人間性等）

> 高く積んだ積み木が倒れてしまったが、人を責めることはせず、泣きながらも自分の感情を収めようという姿が育ちつつある。
>
> 場面11・問40の記録例（学びに向かう力、人間性等）

> 友だちに教えてもらったことで、輪つなぎのコツをつかみ、だんだんじょうずにできるようになってきている。　場面12・問46の記録例（知識及び技能の基礎）

> 雨が降っているが、園庭で遊びたい。「レインコートを着て遊べばいいんだよ」と、自分なりの考えを保育者に伝えている。　（思考力、判断力、表現力等の基礎）

> ブランコの順番を守らず割り込みをした友だちに「ダメだよ！」と怒り、ドンと突き飛ばして泣かせてしまった。保育者が「どうしたらよかったのかな」と問いかけると、じっと考え「やさしく言えばよかった」と言う。
>
> （思考力、判断力、表現力等の基礎）

> 友だちが折り紙でつくった鶴を見て、自分も作りたくなり、保育者に教えてもらいながら折っている。「端と端を合わせるんだよ」と保育者に言われ、ゆっくりと丁寧に作業をしている。　（知識及び技能の基礎）

Let's work! 問47〜56　記録例

問47

> クラスの友だちの前で自信たっぷりにけん玉を披露している。

問48

> 好き嫌いが多く、給食を食べるのに時間がかかるが、なんとか食べようとする。

問49

> コマ回しが得意で、友だちに「教えて」と言われ、喜んで教えている。

問50

> 数人の友だちと一緒にいることが増えてきた。友だちから「これして」「あれして」と指示されるのをうれしそうに待っている。

問51

> お絵かきで、画用紙の裏に保育者が子どもの名前を書いたのを見て、「○○ちゃんって書いたの?」と聞く。

問52

> 急に雨が降り出したのを見て「雨が降ってきた」と気づき、「今日はお外で遊べないね」とがっかりしている。

問53

帰りの会では保育者が話す言葉を注意深く聞き、送迎時、保護者に「先生が明日、○○するって言ってたよ」と伝えている。

問54

毎日の絵本の読み聞かせでは、いちばん前に座って熱心に聞き、読み終わると「鬼がやっつけられてよかったね」など感想を言う。

問55

新聞紙で剣を作り、友だちと長さを比べ合いながら「ぼくのほうが長い」などと言って競争している。

問56

リズム遊びで、保育者が音楽を流すと、リズムに合わせてピョンピョン跳んで楽しんでいる。

第 3 章

場面で学ぶ記録とワーク 5歳児

5歳児クラスの子どもの姿を追いながら、
記録の書き方を解説します。
これまでの育ちを振り返り就学につなげていくために、
育ちつつある子どもの姿を
どのように書けばよいのでしょうか。
ワークをしながら学んでいきます。

記録のための基本情報

──年間目標・期のねらい──

記録の基礎となる年間目標、期のねらいを確認します。

たんぽぽこども園
5歳児そら組のデータ

ここに書いたのは、たんぽぽこども園（架空）の年間目標と期のねらいです。確認してからワークに進みましょう。

年間目標

◎就学に向けて必要な生活習慣を身につける。

◎身近な社会や自然環境と自分たちの生活との関係に気づき、生活や遊びに取り入れて遊ぶ。

◎身近な事物や事象に関わる中で、性質や数、量、形などへの関心を深めたり、文字に関心を広げ、読んだり書いたりして楽しむ。

◎他人を思いやる心、お互いさまと思える人間関係の基盤をつくる。

期のねらい

1期
- 年長児としての環境や生活に慣れ、安心して生活や遊びを楽しむ。
- 全身を思いきり動かし、五感を大いに活用して遊びを楽しむ。
- 身近な自然、動・植物に関心をもち、遊びにとり入れる。
- 互いの言葉や表現を工夫し、思いや考えを伝え合おうとする。

2期
- 状況に応じて自ら考え、健康的で安全に過ごせるよう生活する。
- 自然や天気の現象に興味をもち、特徴や関係性に気づく。
- 友だちと意見を出し合い、協同的に遊びを楽しむ。
- 遊びや生活の中で積極的に役割を見つけ、自己を発揮する。

3期
- 充実した園生活を過ごし、自信を深め、入学に期待をもつ。
- 多方面に興味を広げ、創造力を発揮しながら、遊びを深める。
- 言葉、動き、音、道具を工夫して創作や表現を楽しむ。
- 互いの力を認め合い、集団との関係性の中で充実感を味わう。

子ども理解に向けた記録の視点と書き方

ここから、5歳児なおくんの姿を追い、
その記録のとり方を解説します。

子どもの姿を把握する（5歳児）

　これまでの園生活での子どもの育ちを振り返るとともに、小学校との接続を意識します。知的な興味が高まるとともに、集団的な遊びや協同的な活動が見られるようになる時期なので、記録を活用しながら、今、子どもたちの中に何が育ちつつあるかをとらえます。

　就学に向けて、子どもの育ってほしい姿を見据え、よりよい育ちを保障していきましょう。

なおの姿

- 0歳児クラスから入園し、園生活には慣れている。
- 家族は父、母、兄。4人家族。
- 父親が家庭で暴力をふるうなど、家庭環境は複雑である。
- 体を動かすことが好きで、運動能力が高い。

子どもの姿を観察し、記録する〈日々の記録〉

　日誌は、クラス全体のことだけでなく、その日の活動を通した子どもの姿を具体的に記します。この記述は、月ごとにまとめる「個人記録」の資料にもなります。

　次のページから、4月のある場面におけるなおの姿と、なおについての記述をもとに書いた個人記録を3日分紹介します。どのような姿をとらえ、どう記録するかを学びましょう。

場面 **13** | 4月○日 | 当番活動

◆4月○日の日誌・なおについての記述

当番活動で絵本の整理をする時、なおはいつも本の向きを合わせながら1冊ずつ整理している。今日も丁寧に整理をしていたが、一緒に当番をしている友だちが向きを考えずに並べると、怒って大きな声を出した。

ここをとらえる！

「怒った」という行為だけに注目しがちですが、なおがその行動をとった経緯にも目を向けます。

子どもの姿を5領域と3つの資質・能力の視点でとらえる

　日誌の記述をもとに、個人記録を書きます。その際、5領域を意識しながら育ちの姿をとらえて書きます。合わせて、3つの資質・能力の視点で子どもの変容を振り返ることで、子どもの育ちつつある姿をとらえましょう。

担任の記録

●友だちと協力し合いながら当番活動をしている。　⋯⋯⋯▶　人間関係

●自分の思いを言葉で伝えることができず、大声を出してしまう。　⋯⋯⋯▶　言葉

　人間関係はわかりやすい視点ですが、ほかの領域はどうですか？
　いいところ、ほめるところをとらえてみましょう。

●絵本を並べる作業に集中して取り組んでいる。　⋯⋯⋯▶　健康

●本の向きを合わせて、きれいに整理したいという思いがある。　⋯⋯⋯▶　表現

　子どもの何が育ちつつあるのか、3つの資質・能力の視点でもとらえてみましょう。

●本の向きを合わせたり、順番どおりに並べたりなど、規則性・法則性に気づいている。

●きれいに整理整頓することで、気持ちよく生活したいという思いが育っている。

⋯⋯⋯▶　知識及び技能の基礎

87

◆4月×日の日誌・なおについての記述

和太鼓には興味をもって練習に参加する。待つ時間が長くなると落ち着かなくなり、バチで床をたたいて音を鳴らす。保育者に注意されると、いったん静かになるが、またくり返す。

ここをとらえる！

「バチで床をたたいた」という行為だけに注目せず、興味をもって和太鼓に取り組んでいる姿も記録します。

子どもの姿を5領域と3つの資質・能力の視点でとらえる

担任の記録

● 保育者に注意されると、がっかりしている。 ┈┈┈▶ 　人間関係

● 練習したい気持ちが強く、だめと言われても
　バチで床をたたく行動に出てしまう。 ┈┈┈▶ 　表現

> できないこと、悪い面のほうが目に入りやすいため、マイナス面をとらえがちです。
> この場面でのなおのいいところはどこですか？

● 興味のある活動に熱心に参加し、練習してう
　まくなりたいと思っている。 ┈┈┈▶ 　健康

> 子どもの何が育ちつつあるのか、3つの資質・能力の視点
> でもとらえてみましょう。

● 太鼓を強くたたくと大きな音が出る、弱くた
　たくと小さな音が出ることに気づき、演奏の ┈┈┈┈▶
　おもしろさを感じている。
　　　　　　　　　　　　　　　　　学びに
　　　　　　　　　　　　　　　　　向かう力、
　　　　　　　　　　　　　　　　　人間性等

場面 **15** | 4月△日 | 水やりの手伝い

◆ 4月△日の日誌・なおについての記述

保育者の手伝いをして花に水をやり、ほめられるとうれしくて、「もっとお手伝いする」と言う。「園長先生にこの本を渡してきてくれる？」と頼むと、張り切って渡しに行く。

ここをとらえる！

保育者の働きかけへの反応を、なおの言葉など具体的に記録しておきます。

子どもの姿を5領域と3つの資質・能力の視点でとらえる

担任の記録

● 手伝いを通して、人に認められたいという気 ·········▶ 人間関係
持ちがある。

● 「もっとお手伝いする」と自分の気持ちを言 ·········▶ 言葉
葉にして伝えている。

なおのよさが引き出されている点に注目してみるとどうで
すか？

● 水やりを通して、花にふれあうことを楽しん ·········▶ 環境
でいる。

子どもの何が育ちつつあるのか、3つの資質・能力の視点
でもとらえてみましょう。

● 思いやりの気持ちが育ちつつあり、ほめられ ···········▶ 学びに
ることで自己肯定感も高まっている。　　　　　　　　　　　向かう力、
　　　　　　　　　　　　　　　　　　　　　　　　　　　　　人間性等

◆5月○日の日誌・なおについての記述

園庭でかけっこをして遊んでいる。なおは足が速く、たいてい1番になるが、けんには負けることもある。負けると悔しくてカッとなり、「けんがずるをした！」と言い張ったりする。
4歳児クラスの子どもが「入れて」と入ってきたところ、なおはやさしく「いいよ」と答え、ゆっくりと走り、勝たせてやっていた。

ここをとらえる！

なぜ悔しくてカッとなるのか、なおの内面にも着目して記録します。そして、今後に向けてどのように関わっていくかも考えてみましょう。

5月○日の姿と日誌から、5領域と3つの資質・能力の視点で
なおをとらえ、記録してみましょう。

問57 健康の視点でとらえて書いてみましょう。 記録例100ページ

問58 人間関係の視点でとらえて書いてみましょう。 記録例102ページ

問59 環境の視点でとらえて書いてみましょう。 記録例104ページ

問60 言葉の視点でとらえて書いてみましょう。 記録例106ページ

問61 表現の視点でとらえて書いてみましょう。 記録例108ページ

問62 3つの資質・能力（「思考力、判断力、表現力等の基礎」「知識及び技能の基礎」「学びに
向かう力、人間性等」）のいずれかの視点でとらえて書いてみましょう。 記録例110ページ

◆6月×日の日誌・なおについての記述

なおは自分から名乗り出て、デイキャンプのリーダーになり、喜んでいた。自分のグループのテントを張り終わったので、ほかのグループを手伝おうとしたが、けんに「自分たちでやるからいい」と断られ、怒って張りかけのテントを足で蹴飛ばして倒してしまった。みんなから責められてしょげていた。

ここをとらえる！

なおがリーダーになり喜んでいた気持ちや手伝おうとした気持ちを通して、何が育ちつつあるのかを考えてみましょう。

6月×日の姿と日誌から、5領域と3つの資質・能力の視点で
なおをとらえ、記録してみましょう。

問63 健康の視点でとらえて書いてみましょう。
記録例100ページ

問64 人間関係の視点でとらえて書いてみましょう。
記録例102ページ

問65 環境の視点でとらえて書いてみましょう。
記録例104ページ

問66 言葉の視点でとらえて書いてみましょう。
記録例106ページ

問67 表現の視点でとらえて書いてみましょう。
記録例108ページ

問68 3つの資質・能力（「思考力、判断力、表現力等の基礎」「知識及び技能の基礎」「学びに向かう力、人間性等」）のいずれかの視点でとらえて書いてみましょう。記録例110ページ

場面 18 ｜ 7月△日 ｜ 七夕飾り製作の場面

◆7月△日の日誌・なおについての記述

七夕飾り製作で、折り紙に切り込みを入れた立体的な飾りの作り方を覚え、夕方も一人で作って楽しんでいる。作りたいものが思うように作れないと、苛立って折り紙をくしゃくしゃと丸めて投げてしまうが、落ち着くと自分で拾って片づけている。

ここをとらえる！

なおは何を楽しみ、何を楽しもうとしていたのか、もう少し具体的に書きましょう。

7月△日の姿と日誌から、5領域と3つの資質・能力の視点で
なおをとらえ、記録してみましょう。

問69 健康の視点でとらえて書いてみましょう。　　　　　　　記録例100ページ

問70 人間関係の視点でとらえて書いてみましょう。　　　　　　記録例102ページ

問71 環境の視点でとらえて書いてみましょう。　　　　　　　　記録例104ページ

問72 言葉の視点でとらえて書いてみましょう。　　　　　　　　記録例106ページ

問73 表現の視点でとらえて書いてみましょう。　　　　　　　　記録例108ページ

問74 3つの資質・能力（「思考力、判断力、表現力等の基礎」「知識及び技能の基礎」「学びに
　　　　向かう力、人間性等」）のいずれかの視点でとらえて書いてみましょう。　記録例110ページ

個人記録を経過記録にまとめる

　日々の記録のつみかさねが、月ごとの個人記録となり、さらに経過記録につながります。ここでは、なおの4月〜7月の「個人記録」と1期の「経過記録」の例を紹介します。

　ここまでの記録が、月ごとの「個人記録」として、また、期の「経過記録」として、どのようにまとめられるのかを見てみましょう。

　なお、ここに示したのは、担任が書いた記録例です。指導のコメントや書き換え例などとともに読み、参考にしてください。

4月 のなおの個人記録

和太鼓など興味のある活動には、意欲をもって集中して取り組む。感情が抑えられず、自分の思いどおりにならない時は暴言や暴力などが出てしまう。保育者や友だちに認められたいという気持ちが強いので、積極的に手伝いを頼むなど、なおのよさをみんなの前で発揮できるような場面をつくり、自己肯定感を高めていきたい。

> どんな言葉をどのように言うのでしょう。どのように手を出すのでしょう。具体的に書くとともに、理由も考えて書き加えましょう。

> どのような働きかけをすればよいのか考えて、具体的に書き加えましょう。

5月 のなおの個人記録

体を動かすことが好きで、走るのは早く、かけっこには自信があるようだ。同年代の子ども同士だとがんばる姿が育ちつつある。負けそうになると攻撃的な面が出てしまうが、年下に対してはやさしく譲ることもできる。足の速さを活かして、チームに分かれて行ったサッカーごっこでは、何点も得点するなど活躍した。友だちに「なおくんすごい」とほめられ、得意そうにしていた。

> 子どもの気持ちをくみとりながら書きましょう。
> 例
> くやしさを感じて、攻撃的な言葉を発することもあるが

6月 のなおの個人記録

自分からデイキャンプのリーダーに手をあげるなど、積極的な姿が育ちつつある。デイキャンプを楽しみにし、みんなで決めたルールはきちんと守っている。リーダーとしてみんなの役に立ちたいという気持ちが高じて、友だちとトラブルになる場面もあったが、その後反省し、リーダーの役目はきっちりと果たした。

4月、5月の個人記録と見比べることで、6月の育ちつつある姿がよくわかります。

7月 のなおの個人記録

体を動かすことが好きだが、最近は製作にも興味を示し、自由遊びの時間に集中して取り組んでいる。友だちにやり方を教えたり教わったりしながら、和やかに遊ぶ姿も見られる。作りたいものが思うように作れないと苛立ち、物を投げたり壊したりすることもあるが、保育者が声をかけずに見守っていると、自分で気持ちを収められるようになってきた。

自らの葛藤する姿が育ちつつあり、折り合いをつけたり、コントロールする姿が芽生えていることがわかります。

1期 のなおの経過記録

決めつけてよいでしょうか。

家庭環境のためか、日常的に気持ちが荒れている。気が短く、自分の思いどおりにならない場面では暴言や暴力などが目立ち、友だちとトラブルになることも多い。
一方で、保育者や友だちに認められたいという気持ちが強く、とくに年下の子どもについては思いやりのある行動をとることもできる。興味をもった活動や遊びには、熱心に取り組む一面もある。思いどおりにならない苛立ちを少しずつ自分でコントロールできる姿が育ちつつある。
友だち同士のトラブルが起こりそうな時は保育者が間に入り、気持ちの整理をさせながら言葉で自分の気持ちを伝えられるよう援助していく。
また、思いやりを発揮できるよう異年齢活動などを意識的に設定し、クラスのみんなになおのよさが伝わるようにつとめたい。

5歳児の記録・文例

健康

「健康」の領域をとらえた記録の例です。子どものどのような姿に着目し、どうとらえるのか、「幼保連携型認定こども園教育・保育要領　第2章　第3　健康」を確認しながら理解しましょう。

〔健康な心と体を育て、自ら健康で安全な生活をつくり出す力を養う。〕
1　ねらい
(1)明るく伸び伸びと行動し、充実感を味わう。
(2)自分の体を十分に動かし、進んで運動しようとする。
(3)健康、安全な生活に必要な習慣や態度を身に付け、見通しをもって行動する。

幼保連携型認定こども園教育・保育要領　第2章　第3　健康 より抜粋

※内容は、巻末資料125ページ参照

文例

園庭でかけっこ遊びをしている。なおは体を動かすことが好きで、伸び伸びとかけっこを楽しんでいる。　場面16・問57の記録例

デイキャンプでは、リーダーとして率先してテント張りを行い、達成感を得ている。　場面17・問63の記録例

七夕飾り製作で、折り紙に切り込みを入れた立体的な飾りの作り方を覚え、一人で取り組む。うまくできないと何度もやり直している。　場面18・問69の記録例

当番活動では食後の片づけと床掃除があるが、自分から進んで当番活動を行う。時間がかかるが、がんばって最後までやり遂げている。

好き嫌いが多く、給食を残しがちだったが、「もうすぐ小学生だから」と自分で言い、進んでにんじんを食べている。保育者が「すごいね」とほめると、誇らしそうに「もうお兄さんだから」と答える。

Let's work!

イラストから、自分の経験の中で似ている場面を思い浮かべ、
「健康」の視点で記録を書いてみましょう。

問75

記録例111ページ

問76

記録例111ページ

5歳児の記録・文例

人間関係

「人間関係」の領域をとらえた記録の例です。子どものどのような姿に着目し、どうとらえるのか、「幼保連携型認定こども園教育・保育要領　第2章　第3　人間関係」を確認しながら理解しましょう。

〔他の人々と親しみ、支え合って生活するために、自立心を育て、人と関わる力を養う。〕
1　ねらい
(1)幼保連携型認定こども園の生活を楽しみ、自分の力で行動することの充実感を味わう。
(2)身近な人と親しみ、関わりを深め、工夫したり、協力したりして一緒に活動する楽しさを味わい、愛情や信頼感をもつ。
(3)社会生活における望ましい習慣や態度を身に付ける。

幼保連携型認定こども園教育・保育要領　第2章　第3　人間関係 より抜粋

※内容は、巻末資料126ページ参照

文例

かけっこをしていて、年下の子どもが「入れて」と入ってくると、やさしく「いいよ」と答え、一緒にかけっこを楽しむ。わざと負けるなど、小さい子を思いやる気持ちが育っている。
場面16・問58の記録例

デイキャンプでのテント張りで、自分のグループのテントを張り終わったので、友だちのグループのテント張りを手伝おうとしたが、断られてがっかりしている。その気持ちを抑えられず、足でテントを蹴飛ばすなどの行動になった。周囲に責められ、後悔の気持ちから泣いている。
場面17・問64の記録例

七夕飾り製作では、思うように作れない時に苛立つが、それがよくない態度だと自分でも理解しており、自分で気持ちを落ち着かせている。
場面18・問70の記録例

友だちがそばで違うことをしていても気にせずに、一人で黙々と絵を描いている。描いた絵を見て、友だちがほめてくれると喜び、描き方を教えるなどして関わっている。

帰りの会で今日の出来事を報告し合った時に、「○○ちゃんが折り紙を教えてくれてうれしかった」と発言していた。友だちのよいところを認め、うれしい気持ちを伝える力が育っている。

イラストから、自分の経験の中で似ている場面を思い浮かべ、
「人間関係」の視点で記録を書いてみましょう。

問77

記録例111ページ

3 場面で学ぶ記録とワーク　5歳児

問78

記録例111ページ

5歳児の記録・文例

環境

「環境」の領域をとらえた記録の例です。子どものどのような姿に着目し、どうとらえるのか、「幼保連携型認定こども園教育・保育要領　第2章　第3　環境」を確認しながら理解しましょう。

〔周囲の様々な環境に好奇心や探究心をもって関わり、それらを生活に取り入れていこうとする力を養う。〕
1　ねらい
(1)身近な環境に親しみ、自然と触れ合う中で様々な事象に興味や関心をもつ。
(2)身近な環境に自分から関わり、発見を楽しんだり、考えたりし、それを生活に取り入れようとする。
(3)身近な事象を見たり、考えたり、扱ったりする中で、物の性質や数量、文字などに対する感覚を豊かにする。

幼保連携型認定こども園教育・保育要領　第2章　第3　環境 より抜粋

※内容は、巻末資料127ページ参照

文例

園庭の広々とした空間で開放的な気持ちになり、かけっこをして楽しんでいる。
場面16・問59の記録例

保育者にアドバイスをしてもらいながら、テントが張りやすい場所を見つけ、工夫しながら居心地のよい空間をつくっている。
場面17・問65の記録例

七夕飾りの製作では、きれいな七夕飾りを作って部屋を飾りたいという気持ちから熱心に取り組む。うまくいかないと投げ出してしまうが、散らかったゴミが気になり、気持ちを落ち着かせてから自分で片づける姿がある。
場面18・問71の記録例

公園に散歩に出かけ、落ち葉を集めて喜ぶ。緑色の葉っぱは落ちていないことに気づき、保育者に「緑の葉っぱは落ちていないね」と不思議そうに言う。

園で飼っているうさぎがえさを食べず、元気がないことに気づき、「うさぎ、病気なの?」と気遣う。「病院に連れていこう」と保育者に提案する。

まだ文字の読み書きができない〇だが、友だちに手紙を書きたくなり、保育者に文字を教えてもらう。1文字ずつ丁寧に書いている。

Let's work!

イラストから、自分の経験の中で似ている場面を思い浮かべ、
「環境」の視点で記録を書いてみましょう。

問79

記録例111ページ

問80

記録例111ページ

3

場面で学ぶ記録とワーク　5歳児

5歳児の記録・文例

「言葉」の領域をとらえた記録の例です。子どものどのような姿に着目し、どうとらえるのか、「幼保連携型認定こども園教育・保育要領　第2章　第3　言葉」を確認しながら理解しましょう。

〔経験したことや考えたことなどを自分なりの言葉で表現し、相手の話す言葉を聞こうとする意欲や態度を育て、言葉に対する感覚や言葉で表現する力を養う。〕
1　ねらい
(1)自分の気持ちを言葉で表現する楽しさを味わう。
(2)人の言葉や話などをよく聞き、自分の経験したことや考えたことを話し、伝え合う喜びを味わう。
(3)日常生活に必要な言葉が分かるようになるとともに、絵本や物語などに親しみ、言葉に対する感覚を豊かにし、保育教諭等や友達と心を通わせる。

幼保連携型認定こども園教育・保育要領　第2章　第3　言葉 より抜粋

※内容は、巻末資料128ページ参照

文例

負けて悔しい気持ちを消化できず、「けんがずるをした！」と言い張る。「くやしいけれど、次はがんばる」など適切な表現につなげたい。
場面16・問60の記録例

友だちのテント張りを手伝おうとしたが、「手伝ってもいい？」と確認しなかったこと、嫌だという相手の気持ちがわからないことで、トラブルに発展してしまう。
場面17・問66の記録例

作りたいものが思うように作れない苛立ちを言葉にはできないが、態度で表したあと、自分で反省している。
場面18・問72の記録例

友だちをたたいて泣かせてしまう。保育者が理由を聞いても、うまく答えられない。「一緒に遊んでくれないのが嫌だったの？」と具体的に聞くと、「うん」と答え、その後、少しずつ自分の気持ちを説明できるようになる。

話し合いで、Tのグループは誰からも意見が出ない。保育者が中に入り、ほかのグループのやり方を紹介するとTが「それでいい」と言い、みんなも賛成する。

Let's work!

イラストから、自分の経験の中で似ている場面を思い浮かべ、
「言葉」の視点で記録を書いてみましょう。

問81

記録例112ページ

問82

記録例112ページ

5歳児の記録・文例

表現

「表現」の領域をとらえた記録の例です。子どものどのような姿に着目し、どうとらえるのか、「幼保連携型認定こども園教育・保育要領　第2章　第3　表現」を確認しながら理解しましょう。

〔感じたことや考えたことを自分なりに表現することを通して、豊かな感性や表現する力を養い、創造性を豊かにする。〕
1　ねらい
(1)いろいろなものの美しさなどに対する豊かな感性をもつ。
(2)感じたことや考えたことを自分なりに表現して楽しむ。
(3)生活の中でイメージを豊かにし、様々な表現を楽しむ。
幼保連携型認定こども園教育・保育要領　第2章　第3　表現 より抜粋

※内容は、巻末資料129ページ参照

文例

かけっこ遊びでは、負けず嫌いな面が目立つが、小さい子に対しては、わざとゆっくり走って負けてやるなどのやさしさを見せる。　　場面16・問61の記録例

デイキャンプでは、かんしゃくを起こしてテントを蹴飛ばし、倒してしまったことを友だちに責められ、しょげて反省している。　　場面17・問67の記録例

七夕飾り製作で、折り紙に切り込みを入れた立体的な飾りの作り方を覚え、きれいな形に感動し、たくさん作りたい気持ちが盛り上がっている。
場面18・問73の記録例

園庭で、落ち葉が風に舞っている様子を見て、「葉っぱが踊っているみたいだね」と自分なりの言葉で表現している。

空き箱で車を作りたいと言い、箱を探している。自分のイメージどおりの大きさの箱はなかったが、石けんの箱を2つつなげて作ることを思いつき、セロハンテープで貼り合わせている。

家庭で犬を飼い始めたことを保育者にうれしそうに報告し、画用紙にクレヨンで絵を描いて見せてくれる。「ふわふわしているんだね」と言うと、「そうなの」と喜ぶ。

Let's work!

イラストから、自分の経験の中で似ている場面を思い浮かべ、
「表現」の視点で記録を書いてみましょう。

問83

記録例112ページ

問84

記録例112ページ

5歳児の記録・文例

「思考力、判断力、表現力等の基礎」「知識及び技能の基礎」「学びに向かう力、人間性等」の視点でとらえた記録の例です。子どもができるようになったり、遊びに工夫が見られるようになっていく過程をとらえると、どのような記録になるのかを確認しましょう。

文例

> 自分より年齢の低い子どもにはやさしくしようという思いやりの心があり、どうすればそれができるか考え、実行する力が育ちつつある。
> 場面16・問62の記録例（思考力、判断力、表現力等の基礎）

> いき過ぎることもあるが、リーダーとして友だちの役に立ちたいという思いが育ちつつある。　場面17・問68の記録例（学びに向かう力、人間性等）

> 立体的な飾りの作り方を覚え、よりきれいな形を作りたいという思いから真剣に取り組み、自分なりに満足のいくものを追求する姿が育ちつつある。
> 場面18・問74の記録例（思考力、判断力、表現力等の基礎）

> クッキング保育で、包丁の扱い方を教わった。友だちが危ないやり方をしているのを見て「猫の手で押さえるんだよ」と教えている。　（知識及び技能の基礎）

> 生活発表会で、クラスで劇を披露する。大きな声でセリフを言わないと、後ろの席まで聞こえないことに気づき、せいいっぱい大きな声を出している。
> （知識及び技能の基礎）

> 入学を控え、「ぼくのランドセルは青くてピカピカなんだよ」「お兄ちゃんと一緒に行くんだ」と言うなど、小学校生活を楽しみに待つ姿がある。
> （学びに向かう力、人間性等）

問75

線路を組み立てて、ミニカーを走らせる遊びに興味をもち、集中して取り組んでいる。線路がうまくつなげないと、友だちのつなぎ方を見ながらまねをしている。

問76

逆上がりに挑戦し、登園すると同時に鉄棒に行き、保育者に「持って」と言いながらすすんで練習をしている。

問77

みんなでコマ回し競争をしている。コマ回しが得意な子どもが糸の巻き方のコツを教えながら、一緒に楽しく活動している。

問78

砂場遊びで、みんなで協力して山を作っている。トンネルを掘ることになり、シャベルが必要だと気づき、友だち同士で誘い合い、倉庫にシャベルを取りに行った。

問79

保育者が時計を示しながら「短い針が11、長い針が6のところになったら、お片づけをしようね」と言ったところ、ままごとをしながらもちらちらと時計を見ている。11時半になり、「お片づけの時間だ」とみんなに知らせている。

問80

帰りの会では、椅子を円形に並べて座る。Mは保育者を手伝い、きれいな円形になるよう遠くから見たり、位置を少しずらすなど工夫しながら、一緒に並べてくれる。

問81

毎日のランチタイムで、物語絵本を少しずつ読み聞かせている。Kは物語の中に出てきた恐竜が気に入り、恐竜をつかまえにいく探検ごっこを自分なりに考え、友だちを誘って一緒に遊んでいる。

問82

Sが友だちに「一緒に遊びたくない」と言われた。Sはなぜそんなことを言われるのかわからず、保育者に訴えた。クラスで話し合いをしたところ、友だちから「大きな声を出すから嫌だ」「人のものをすぐ壊すから嫌だ」との声があがり、Sは友だちの気持ちに初めて気づいて「ごめんなさい」と謝った。

問83

運動会で踊るダンスの振り付けをみんなで考えていた時、Oちゃんが「ここは元気な音だから、ジャンプする」と言い、ほかのみんなも同意する。

問84

クリスマス会でうたう歌が気に入り、うたいながら遊んでいる。Tがうたい始めると、友だちも加わり、合唱のようになる。「みんなでうたうと楽しいね」と保育者が言うと、満足そうにしている。

資料

保育所保育指針（第２章　保育の内容）抜粋

幼稚園教育要領（第２章　ねらい及び内容）抜粋

幼保連携型認定こども園教育・保育要領
（第２章　ねらい及び内容並びに配慮事項）抜粋

保育所保育指針

第2章　保育の内容

　この章に示す「ねらい」は、第1章の1の(2)に示された保育の目標をより具体化したものであり、子どもが保育所において、安定した生活を送り、充実した活動ができるように、保育を通じて育みたい資質・能力を、子どもの生活する姿から捉えたものである。また、「内容」は、「ねらい」を達成するために、子どもの生活やその状況に応じて保育士等が適切に行う事項と、保育士等が援助して子どもが環境に関わって経験する事項を示したものである。

　保育における「養護」とは、子どもの生命の保持及び情緒の安定を図るために保育士等が行う援助や関わりであり、「教育」とは、子どもが健やかに成長し、その活動がより豊かに展開されるための発達の援助である。本章では、保育士等が、「ねらい」及び「内容」を具体的に把握するため、主に教育に関わる側面からの視点を示しているが、実際の保育においては、養護と教育が一体となって展開されることに留意する必要がある。

3　3歳以上児の保育に関するねらい及び内容

(1)　基本的事項

　ア　この時期においては、運動機能の発達により、基本的な動作が一通りできるようになるとともに、基本的な生活習慣もほぼ自立できるようになる。理解する語彙数が急激に増加し、知的興味や関心も高まってくる。仲間と遊び、仲間の中の一人という自覚が生じ、集団的な遊びや協同的な活動も見られるようになる。これらの発達の特徴を踏まえて、この時期の保育においては、個の成長と集団としての活動の充実が図られるようにしなければならない。

　イ　本項においては、この時期の発達の特徴を踏まえ、保育の「ねらい」及び「内容」について、心身の健康に関する領域「健康」、人との関わりに関する領域「人間関係」、身近な環境との関わりに関する領域「環境」、言葉の獲得に関する領域「言葉」及び感性と表現に関する領域「表現」としてまとめ、示している。

　ウ　本項の各領域において示す保育の内容は、第1章の2に示された養護における「生命の保持」及び「情緒の安定」に関わる保育の内容と、一体となって展開されるものであることに留意が必要である。

(2)　ねらい及び内容

　ア　健康

　　健康な心と体を育て、自ら健康で安全な生活をつくり出す力を養う。

　(ア)　ねらい

　　① 明るく伸び伸びと行動し、充実感を味わう。

　　② 自分の体を十分に動かし、進んで運動しようとする。

　　③ 健康、安全な生活に必要な習慣や態度を身に付け、見通しをもって行動する。

　(イ)　内容

　　① 保育士等や友達と触れ合い、安定感をもって行動する。

　　② いろいろな遊びの中で十分に体を動かす。

　　③ 進んで戸外で遊ぶ。

　　④ 様々な活動に親しみ、楽しんで取り組む。

　　⑤ 保育士等や友達と食べることを楽しみ、食べ物への興味や関心をもつ。

　　⑥ 健康な生活のリズムを身に付ける。

　　⑦ 身の回りを清潔にし、衣服の着脱、食事、排泄などの生活に必要な活動を自分でする。

　　⑧ 保育所における生活の仕方を知り、自分たちで生活の場を整えながら見通しをもって行動する。

　　⑨ 自分の健康に関心をもち、病気の予防などに必要な活動を進んで行う。

⑩　危険な場所、危険な遊び方、災害時などの行動の仕方が分かり、安全に気を付けて行動する。

(ウ)　**内容の取扱い**

上記の取扱いに当たっては、次の事項に留意する必要がある。

①　心と体の健康は、相互に密接な関連があるものであることを踏まえ、子どもが保育士等や他の子どもとの温かい触れ合いの中で自己の存在感や充実感を味わうことなどを基盤として、しなやかな心と体の発達を促すこと。特に、十分に体を動かす気持ちよさを体験し、自ら体を動かそうとする意欲が育つようにすること。

②　様々な遊びの中で、子どもが興味や関心、能力に応じて全身を使って活動することにより、体を動かす楽しさを味わい、自分の体を大切にしようとする気持ちが育つようにすること。その際、多様な動きを経験する中で、体の動きを調整するようにすること。

③　自然の中で伸び伸びと体を動かして遊ぶことにより、体の諸機能の発達が促されることに留意し、子どもの興味や関心が戸外にも向くようにすること。その際、子どもの動線に配慮した園庭や遊具の配置などを工夫すること。

④　健康な心と体を育てるためには食育を通じた望ましい食習慣の形成が大切であることを踏まえ、子どもの食生活の実情に配慮し、和やかな雰囲気の中で保育士等や他の子どもと食べる喜びや楽しさを味わったり、様々な食べ物への興味や関心をもったりするなどし、食の大切さに気付き、進んで食べようとする気持ちが育つようにすること。

⑤　基本的な生活習慣の形成に当たっては、家庭での生活経験に配慮し、子どもの自立心を育て、子どもが他の子どもと関わりながら主体的な活動を展開する中で、生活に必要な習慣を身に付け、次第に見通しをもって行動できるようにすること。

⑥　安全に関する指導に当たっては、情緒の安定を図り、遊びを通して安全についての構えを身に付け、危険な場所や事物などが分かり、安全についての理解を深めるようにすること。また、交通安全の習慣を身に付けるようにするとともに、避難訓練などを通して、災害などの緊急時に適切な行動がとれるようにすること。

イ　**人間関係**

他の人々と親しみ、支え合って生活するために、自立心を育て、人と関わる力を養う。

(ア)　**ねらい**

①　保育所の生活を楽しみ、自分の力で行動することの充実感を味わう。

②　身近な人と親しみ、関わりを深め、工夫したり、協力したりして一緒に活動する楽しさを味わい、愛情や信頼感をもつ。

③　社会生活における望ましい習慣や態度を身に付ける。

(イ)　**内容**

①　保育士等や友達と共に過ごすことの喜びを味わう。

②　自分で考え、自分で行動する。

③　自分でできることは自分でする。

④　いろいろな遊びを楽しみながら物事をやり遂げようとする気持ちをもつ。

⑤　友達と積極的に関わりながら喜びや悲しみを共感し合う。

⑥　自分の思ったことを相手に伝え、相手の思っていることに気付く。

⑦　友達のよさに気付き、一緒に活動する楽しさを味わう。

⑧　友達と楽しく活動する中で、共通の目的を見いだし、工夫したり、協力したりなどする。

⑨　よいことや悪いことがあることに気付き、考えながら行動する。

⑩　友達との関わりを深め、思いやりをもつ。

⑪　友達と楽しく生活する中できまりの大切さに気付き、守ろうとする。

⑫　共同の遊具や用具を大切にし、皆で使う。

⑬　高齢者をはじめ地域の人々などの自分の生活に関係の深いいろいろな人に親しみをもつ。

（ウ）　**内容の取扱い**

上記の取扱いに当たっては、次の事項に留意する必要がある。

①　保育士等との信頼関係に支えられて自分自身の生活を確立していくことが人と関わる基盤となることを考慮し、子どもが自ら周囲に働き掛けることにより多様な感情を体験し、試行錯誤しながら諦めずにやり遂げることの達成感や、前向きな見通しをもって自分の力で行うことの充実感を味わうことができるよう、子どもの行動を見守りながら適切な援助を行うようにすること。

②　一人一人を生かした集団を形成しながら人と関わる力を育てていくようにすること。その際、集団の生活の中で、子どもが自己を発揮し、保育士等や他の子どもに認められる体験をし、自分のよさや特徴に気付き、自信をもって行動できるようにすること。

③　子どもが互いに関わりを深め、協同して遊ぶようになるため、自ら行動する力を育てるとともに、他の子どもと試行錯誤しながら活動を展開する楽しさや共通の目的が実現する喜びを味わうことができるようにすること。

④　道徳性の芽生えを培うに当たっては、基本的な生活習慣の形成を図るとともに、子どもが他の子どもとの関わりの中で他人の存在に気付き、相手を尊重する気持ちをもって行動できるようにし、また、自然や身近な動植物に親しむことなどを通して豊かな心情が育つようにすること。特に、人に対する信頼感や思いやりの気持ちは、葛藤やつまずきをも体験し、それらを乗り越えることにより次第に芽生えてくることに配慮すること。

⑤　集団の生活を通して、子どもが人との関わりを深め、規範意識の芽生えが培われることを考慮し、子どもが保育士等との信頼関係に支えられて自己を発揮する中で、互いに思いを主張し、折り合いを付ける体験をし、きまりの必要性などに気付き、自分の気持ちを調整する力が育つようにすること。

⑥　高齢者をはじめ地域の人々などの自分の生活に関係の深いいろいろな人と触れ合い、自分の感情や意志を表現しながら共に楽しみ、共感し合う体験を通して、これらの人々などに親しみをもち、人と関わることの楽しさや人の役に立つ喜びを味わうことができるようにすること。また、生活を通して親や祖父母などの家族の愛情に気付き、家族を大切にしようとする気持ちが育つようにすること。

ウ　**環境**

周囲の様々な環境に好奇心や探究心をもって関わり、それらを生活に取り入れていこうとする力を養う。

（ア）　**ねらい**

①　身近な環境に親しみ、自然と触れ合う中で様々な事象に興味や関心をもつ。

②　身近な環境に自分から関わり、発見を楽しんだり、考えたりし、それを生活に取り入れようとする。

③　身近な事象を見たり、考えたり、扱ったりする中で、物の性質や数量、文字などに対する感覚を豊かにする。

（イ）　**内容**

①　自然に触れて生活し、その大きさ、美しさ、不思議さなどに気付く。

②　生活の中で、様々な物に触れ、その性質や仕組みに興味や関心をもつ。

③　季節により自然や人間の生活に変化のあることに気付く。

④　自然などの身近な事象に関心をもち、取り入れて遊ぶ。

⑤　身近な動植物に親しみをもって接し、生命の尊さに気付き、いたわったり、大切にしたりする。

⑥　日常生活の中で、我が国や地域社会における様々な文化や伝統に親しむ。

⑦　身近な物を大切にする。

⑧　身近な物や遊具に興味をもって関わり、自分なりに比べたり、関連付けたりしながら考えたり、試したりして工夫して遊ぶ。

⑨　日常生活の中で数量や図形などに関心をもつ。

⑩　日常生活の中で簡単な標識や文字などに関心をもつ。

⑪　生活に関係の深い情報や施設などに興味や関心をもつ。

⑫　保育所内外の行事において国旗に親しむ。

㋒　内容の取扱い

上記の取扱いに当たっては、次の事項に留意する必要がある。

①　子どもが、遊びの中で周囲の環境と関わり、次第に周囲の世界に好奇心を抱き、その意味や操作の仕方に関心をもち、物事の法則性に気付き、自分なりに考えることができるようになる過程を大切にすること。また、他の子どもの考えなどに触れて新しい考えを生み出す喜びや楽しさを味わい、自分の考えをよりよいものにしようとする気持ちが育つようにすること。

②　幼児期において自然のもつ意味は大きく、自然の大きさ、美しさ、不思議さなどに直接触れる体験を通して、子どもの心が安らぎ、豊かな感情、好奇心、思考力、表現力の基礎が培われることを踏まえ、子どもが自然との関わりを深めることができるよう工夫すること。

③　身近な事象や動植物に対する感動を伝え合い、共感し合うことなどを通して自分から関わろうとする意欲を育てるとともに、様々な関わり方を通してそれらに対する親しみや畏敬の念、生命を大切にする気持ち、公共心、探究心などが養われるようにすること。

④　文化や伝統に親しむ際には、正月や節句など我が国の伝統的な行事、国歌、唱歌、わらべうたや我が国の伝統的な遊びに親しんだり、異なる文化に触れる活動に親しんだりすることを通じて、社会とのつながりの意識や国際理解の意識の芽生えなどが養われるようにすること。

⑤　数量や文字などに関しては、日常生活の中で子ども自身の必要感に基づく体験を大切にし、数量や文字などに関する興味や関心、感覚が養われるようにすること。

エ　言葉

経験したことや考えたことなどを自分なりの言葉で表現し、相手の話す言葉を聞こうとする意欲や態度を育て、言葉に対する感覚や言葉で表現する力を養う。

㋐　ねらい

①　自分の気持ちを言葉で表現する楽しさを味わう。

②　人の言葉や話などをよく聞き、自分の経験したことや考えたことを話し、伝え合う喜びを味わう。

③　日常生活に必要な言葉が分かるようになるとともに、絵本や物語などに親しみ、言葉に対する感覚を豊かにし、保育士等や友達と心を通わせる。

㋑　内容

①　保育士等や友達の言葉や話に興味や関心をもち、親しみをもって聞いたり、話したりする。

②　したり、見たり、聞いたり、感じたり、考えたりなどしたことを自分なりに言葉で表現する。

③　したいこと、してほしいことを言葉で表現したり、分からないことを尋ねたりする。

④　人の話を注意して聞き、相手に分かるように話す。

⑤　生活の中で必要な言葉が分かり、使う。

⑥　親しみをもって日常の挨拶をする。

⑦　生活の中で言葉の楽しさや美しさに気付く。

⑧　いろいろな体験を通じてイメージや言葉を豊かにする。

⑨　絵本や物語などに親しみ、興味をもって聞き、想像をする楽しさを味わう。

⑩　日常生活の中で、文字などで伝える楽しさを味わう。

(ウ)　**内容の取扱い**

上記の取扱いに当たっては、次の事項に留意する必要がある。

①　言葉は、身近な人に親しみをもって接し、自分の感情や意志などを伝え、それに相手が応答し、その言葉を聞くことを通して次第に獲得されていくものであることを考慮して、子どもが保育士等や他の子どもと関わることにより心を動かされるような体験をし、言葉を交わす喜びを味わえるようにすること。

②　子どもが自分の思いを言葉で伝えるとともに、保育士等や他の子どもなどの話を興味をもって注意して聞くことを通して次第に話を理解するようになっていき、言葉による伝え合いができるようにすること。

③　絵本や物語などで、その内容と自分の経験とを結び付けたり、想像を巡らせたりするなど、楽しみを十分に味わうことによって、次第に豊かなイメージをもち、言葉に対する感覚が養われるようにすること。

④　子どもが生活の中で、言葉の響きやリズム、新しい言葉や表現などに触れ、これらを使う楽しさを味わえるようにすること。その際、絵本や物語に親しんだり、言葉遊びなどをしたりすることを通して、言葉が豊かになるようにすること。

⑤　子どもが日常生活の中で、文字などを使いながら思ったことや考えたことを伝える喜びや楽しさを味わい、文字に対する興味や関心をもつようにすること。

オ　**表現**

感じたことや考えたことを自分なりに表現することを通して、豊かな感性や表現する力を養い、創造性を豊かにする。

(ア)　**ねらい**

①　いろいろなものの美しさなどに対する豊かな感性をもつ。

②　感じたことや考えたことを自分なりに表現して楽しむ。

③　生活の中でイメージを豊かにし、様々な表現を楽しむ。

(イ)　**内容**

①　生活の中で様々な音、形、色、手触り、動きなどに気付いたり、感じたりするなどして楽しむ。

②　生活の中で美しいものや心を動かす出来事に触れ、イメージを豊かにする。

③　様々な出来事の中で、感動したことを伝え合う楽しさを味わう。

④　感じたこと、考えたことなどを音や動きなどで表現したり、自由にかいたり、つくったりなどする。

⑤　いろいろな素材に親しみ、工夫して遊ぶ。

⑥　音楽に親しみ、歌を歌ったり、簡単なリズム楽器を使ったりなどする楽しさを味わう。

⑦　かいたり、つくったりすることを楽しみ、遊びに使ったり、飾ったりなどする。

⑧　自分のイメージを動きや言葉などで表現したり、演じて遊んだりするなどの楽しさを味わう。

(ウ)　**内容の取扱い**

上記の取扱いに当たっては、次の事項に留意する必要がある。

①　豊かな感性は、身近な環境と十分に関わる中で美しいもの、優れたもの、心を動かす出来事などに出会い、そこから得た感動を他の子どもや保育士等と共有し、様々に表現することなどを通して養われるようにすること。その際、風の音や雨の音、身近にある草や花の形や色など自然の中にある音、形、色などに気付くようにすること。

②　子どもの自己表現は素朴な形で行われることが多いので、保育士等はそのような表現を受

容し、子ども自身の表現しようとする意欲を受け止めて、子どもが生活の中で子どもらしい様々な表現を楽しむことができるようにすること。

③　生活経験や発達に応じ、自ら様々な表現を楽しみ、表現する意欲を十分に発揮させることができるように、遊具や用具などを整えたり、様々な素材や表現の仕方に親しんだり、他の子どもの表現に触れられるよう配慮したりし、表現する過程を大切にして自己表現を楽しめるように工夫すること。

(3)　保育の実施に関わる配慮事項

ア　第1章の4の(2)に示す「幼児期の終わりまでに育ってほしい姿」が、ねらい及び内容に基づく活動全体を通して資質・能力が育まれている子どもの小学校就学時の具体的な姿であることを踏まえ、指導を行う際には適宜考慮すること。

イ　子どもの発達や成長の援助をねらいとした活動の時間については、意識的に保育の計画等において位置付けて、実施することが重要であること。なお、そのような活動の時間については、保護者の就労状況等に応じて子どもが保育所で過ごす時間がそれぞれ異なることに留意して設定すること。

ウ　特に必要な場合には、各領域に示すねらいの趣旨に基づいて、具体的な内容を工夫し、それを加えても差し支えないが、その場合には、それが第1章の1に示す保育所保育に関する基本原則を逸脱しないよう慎重に配慮する必要があること。

4　保育の実施に関して留意すべき事項

(1)　保育全般に関わる配慮事項

ア　子どもの心身の発達及び活動の実態などの個人差を踏まえるとともに、一人一人の子どもの気持ちを受け止め、援助すること。

イ　子どもの健康は、生理的・身体的な育ちとともに、自主性や社会性、豊かな感性の育ちとがあいまってもたらされることに留意すること。

ウ　子どもが自ら周囲に働きかけ、試行錯誤しつつ自分の力で行う活動を見守りながら、適切に援助すること。

エ　子どもの入所時の保育に当たっては、できるだけ個別的に対応し、子どもが安定感を得て、次第に保育所の生活になじんでいくようにするとともに、既に入所している子どもに不安や動揺を与えないようにすること。

オ　子どもの国籍や文化の違いを認め、互いに尊重する心を育てるようにすること。

カ　子どもの性差や個人差にも留意しつつ、性別などによる固定的な意識を植え付けることがないようにすること。

(2)　小学校との連携

ア　保育所においては、保育所保育が、小学校以降の生活や学習の基盤の育成につながることに配慮し、幼児期にふさわしい生活を通じて、創造的な思考や主体的な生活態度などの基礎を培うようにすること。

イ　保育所保育において育まれた資質・能力を踏まえ、小学校教育が円滑に行われるよう、小学校教師との意見交換や合同の研究の機会などを設け、第1章の4の(2)に示す「幼児期の終わりまでに育って欲しい姿」を共有するなど連携を図り、保育所保育と小学校教育との円滑な接続を図るよう努めること。

ウ　子どもに関する情報共有に関して、保育所に入所している子どもの就学に際し、市町村の支援の下に、子どもの育ちを支えるための資料が保育所から小学校へ送付されるようにすること。

(3)　家庭及び地域社会との連携

子どもの生活の連続性を踏まえ、家庭及び地域社会と連携して保育が展開されるよう配慮すること。その際、家庭や地域の機関及び団体の協力を得て、地域の自然、高齢者や異年齢の子ども等を含む人材、行事、施設等の地域の資源を積極的に活用し、豊かな生活体験をはじめ保育内容の充実

が図られるよう配慮すること。

幼稚園教育要領

第2章 ねらい及び内容

　この章に示すねらいは、幼稚園教育において育みたい資質・能力を幼児の生活する姿から捉えたものであり、内容は、ねらいを達成するために指導する事項である。各領域は、これらを幼児の発達の側面から、心身の健康に関する領域「健康」、人との関わりに関する領域「人間関係」、身近な環境との関わりに関する領域「環境」、言葉の獲得に関する領域「言葉」及び感性と表現に関する領域「表現」としてまとめ、示したものである。内容の取扱いは、幼児の発達を踏まえた指導を行うに当たって留意すべき事項である。

　各領域に示すねらいは、幼稚園における生活の全体を通じ、幼児が様々な体験を積み重ねる中で相互に関連をもちながら次第に達成に向かうものであること、内容は、幼児が環境に関わって展開する具体的な活動を通して総合的に指導されるものであることに留意しなければならない。

　また、「幼児期の終わりまでに育ってほしい姿」が、ねらい及び内容に基づく活動全体を通して資質・能力が育まれている幼児の幼稚園修了時の具体的な姿であることを踏まえ、指導を行う際に考慮するものとする。

　なお、特に必要な場合には、各領域に示すねらいの趣旨に基づいて適切な、具体的な内容を工夫し、それを加えても差し支えないが、その場合には、それが第1章の第1に示す幼稚園教育の基本を逸脱しないよう慎重に配慮する必要がある。

健康

　〔健康な心と体を育て、自ら健康で安全な生活をつくり出す力を養う。〕

1　ねらい

⑴　明るく伸び伸びと行動し、充実感を味わう。

⑵　自分の体を十分に動かし、進んで運動しようとする。

⑶　健康、安全な生活に必要な習慣や態度を身に付け、見通しをもって行動する。

2　内容

⑴　先生や友達と触れ合い、安定感をもって行動する。

⑵　いろいろな遊びの中で十分に体を動かす。

⑶　進んで戸外で遊ぶ。

⑷　様々な活動に親しみ、楽しんで取り組む。

⑸　先生や友達と食べることを楽しみ、食べ物への興味や関心をもつ。

⑹　健康な生活のリズムを身に付ける。

⑺　身の回りを清潔にし、衣服の着脱、食事、排泄などの生活に必要な活動を自分でする。

⑻　幼稚園における生活の仕方を知り、自分たちで生活の場を整えながら見通しをもって行動する。

⑼　自分の健康に関心をもち、病気の予防などに必要な活動を進んで行う。

⑽　危険な場所、危険な遊び方、災害時などの行動の仕方が分かり、安全に気を付けて行動する。

3　内容の取扱い

　上記の取扱いに当たっては、次の事項に留意する必要がある。

⑴　心と体の健康は、相互に密接な関連があるものであることを踏まえ、幼児が教師や他の幼児との温かい触れ合いの中で自己の存在感や充実感を味わうことなどを基盤として、しなやかな心と体の発達を促すこと。特に、十分に体を動かす気持ちよさを体験し、自ら体を動かそうとする意欲が育つようにすること。

(2) 様々な遊びの中で、幼児が興味や関心、能力に応じて全身を使って活動することにより、体を動かす楽しさを味わい、自分の体を大切にしようとする気持ちが育つようにすること。その際、多様な動きを経験する中で、体の動きを調整するようにすること。

(3) 自然の中で伸び伸びと体を動かして遊ぶことにより、体の諸機能の発達が促されることに留意し、幼児の興味や関心が戸外にも向くようにすること。その際、幼児の動線に配慮した園庭や遊具の配置などを工夫すること。

(4) 健康な心と体を育てるためには食育を通じた望ましい食習慣の形成が大切であることを踏まえ、幼児の食生活の実情に配慮し、和やかな雰囲気の中で教師や他の幼児と食べる喜びや楽しさを味わったり、様々な食べ物への興味や関心をもったりするなどし、食の大切さに気付き、進んで食べようとする気持ちが育つようにすること。

(5) 基本的な生活習慣の形成に当たっては、家庭での生活経験に配慮し、幼児の自立心を育て、幼児が他の幼児と関わりながら主体的な活動を展開する中で、生活に必要な習慣を身に付け、次第に見通しをもって行動できるようにすること。

(6) 安全に関する指導に当たっては、情緒の安定を図り、遊びを通して安全についての構えを身に付け、危険な場所や事物などが分かり、安全についての理解を深めるようにすること。また、交通安全の習慣を身に付けるようにするとともに、避難訓練などを通して、災害などの緊急時に適切な行動がとれるようにすること。

人間関係
〔他の人々と親しみ、支え合って生活するために、自立心を育て、人と関わる力を養う。〕

1　ねらい
(1) 幼稚園生活を楽しみ、自分の力で行動することの充実感を味わう。
(2) 身近な人と親しみ、関わりを深め、工夫したり、協力したりして一緒に活動する楽しさを味わい、愛情や信頼感をもつ。
(3) 社会生活における望ましい習慣や態度を身に付ける。

2　内容
(1) 先生や友達と共に過ごすことの喜びを味わう。
(2) 自分で考え、自分で行動する。
(3) 自分でできることは自分でする。
(4) いろいろな遊びを楽しみながら物事をやり遂げようとする気持ちをもつ。
(5) 友達と積極的に関わりながら喜びや悲しみを共感し合う。
(6) 自分の思ったことを相手に伝え、相手の思っていることに気付く。
(7) 友達のよさに気付き、一緒に活動する楽しさを味わう。
(8) 友達と楽しく活動する中で、共通の目的を見いだし、工夫したり、協力したりなどする。
(9) よいことや悪いことがあることに気付き、考えながら行動する。
(10) 友達との関わりを深め、思いやりをもつ。
(11) 友達と楽しく生活する中できまりの大切さに気付き、守ろうとする。
(12) 共同の遊具や用具を大切にし、皆で使う。
(13) 高齢者をはじめ地域の人々などの自分の生活に関係の深いいろいろな人に親しみをもつ。

3　内容の取扱い
上記の取扱いに当たっては、次の事項に留意する必要がある。
(1) 教師との信頼関係に支えられて自分自身の生活を確立していくことが人と関わる基盤となることを考慮し、幼児が自ら周囲に働き掛けることにより多様な感情を体験し、試行錯誤しながら諦めずにやり遂げることの達成感や、前向きな見通しをもって自分の力で行うことの充実感を味わうことができるよう、幼児の行動を見守りながら適切な援助を行うようにすること。

(2) 一人一人を生かした集団を形成しながら人と関わる力を育てていくようにすること。その際、集団の生活の中で、幼児が自己を発揮し、教師や他の幼児に認められる体験をし、自分のよさや特徴に気付き、自信をもって行動できるようにすること。

(3) 幼児が互いに関わりを深め、協同して遊ぶようになるため、自ら行動する力を育てるようにするとともに、他の幼児と試行錯誤しながら活動を展開する楽しさや共通の目的が実現する喜びを味わうことができるようにすること。

(4) 道徳性の芽生えを培うに当たっては、基本的な生活習慣の形成を図るとともに、幼児が他の幼児との関わりの中で他人の存在に気付き、相手を尊重する気持ちをもって行動できるようにし、また、自然や身近な動植物に親しむことなどを通して豊かな心情が育つようにすること。特に、人に対する信頼感や思いやりの気持ちは、葛藤やつまずきをも体験し、それらを乗り越えることにより次第に芽生えてくることに配慮すること。

(5) 集団の生活を通して、幼児が人との関わりを深め、規範意識の芽生えが培われることを考慮し、幼児が教師との信頼関係に支えられて自己を発揮する中で、互いに思いを主張し、折り合いを付ける体験をし、きまりの必要性などに気付き、自分の気持ちを調整する力が育つようにすること。

(6) 高齢者をはじめ地域の人々などの自分の生活に関係の深いいろいろな人と触れ合い、自分の感情や意志を表現しながら共に楽しみ、共感し合う体験を通して、これらの人々などに親しみをもち、人と関わることの楽しさや人の役に立つ喜びを味わうことができるようにすること。また、生活を通して親や祖父母などの家族の愛情に気付き、家族を大切にしようとする気持ちが育つようにすること。

環境

〔周囲の様々な環境に好奇心や探究心をもって関わり、それらを生活に取り入れていこうとする力を養う。〕

1 ねらい

(1) 身近な環境に親しみ、自然と触れ合う中で様々な事象に興味や関心をもつ。

(2) 身近な環境に自分から関わり、発見を楽しんだり、考えたりし、それを生活に取り入れようとする。

(3) 身近な事象を見たり、考えたり、扱ったりする中で、物の性質や数量、文字などに対する感覚を豊かにする。

2 内容

(1) 自然に触れて生活し、その大きさ、美しさ、不思議さなどに気付く。

(2) 生活の中で、様々な物に触れ、その性質や仕組みに興味や関心をもつ。

(3) 季節により自然や人間の生活に変化のあることに気付く。

(4) 自然などの身近な事象に関心をもち、取り入れて遊ぶ。

(5) 身近な動植物に親しみをもって接し、生命の尊さに気付き、いたわったり、大切にしたりする。

(6) 日常生活の中で、我が国や地域社会における様々な文化や伝統に親しむ。

(7) 身近な物を大切にする。

(8) 身近な物や遊具に興味をもって関わり、自分なりに比べたり、関連付けたりしながら考えたり、試したりして工夫して遊ぶ。

(9) 日常生活の中で数量や図形などに関心をもつ。

(10) 日常生活の中で簡単な標識や文字などに関心をもつ。

(11) 生活に関係の深い情報や施設などに興味や関心をもつ。

(12) 幼稚園内外の行事において国旗に親しむ。

3 内容の取扱い

上記の取扱いに当たっては、次の事項に留意する必要がある。

(1) 幼児が、遊びの中で周囲の環境と関わり、次第に周囲の世界に好奇心を抱き、その意味や操作の

にすること。また、他の幼児の考えなどに触れて新しい考えを生み出す喜びや楽しさを味わい、自分の考えをよりよいものにしようとする気持ちが育つようにすること。

⑵　幼児期において自然のもつ意味は大きく、自然の大きさ、美しさ、不思議さなどに直接触れる体験を通して、幼児の心が安らぎ、豊かな感情、好奇心、思考力、表現力の基礎が培われることを踏まえ、幼児が自然との関わりを深めることができるよう工夫すること。

⑶　身近な事象や動植物に対する感動を伝え合い、共感し合うことなどを通して自分から関わろうとする意欲を育てるとともに、様々な関わり方を通してそれらに対する親しみや畏敬の念、生命を大切にする気持ち、公共心、探究心などが養われるようにすること。

⑷　文化や伝統に親しむ際には、正月や節句など我が国の伝統的な行事、国歌、唱歌、わらべうたや我が国の伝統的な遊びに親しんだり、異なる文化に触れる活動に親しんだりすることを通じて、社会とのつながりの意識や国際理解の意識の芽生えなどが養われるようにすること。

⑸　数量や文字などに関しては、日常生活の中で幼児自身の必要感に基づく体験を大切にし、数量や文字などに関する興味や関心、感覚が養われるようにすること。

言葉

〔経験したことや考えたことなどを自分なりの言葉で表現し、相手の話す言葉を聞こうとする意欲や態度を育て、言葉に対する感覚や言葉で表現する力を養う。〕

1　ねらい

⑴　自分の気持ちを言葉で表現する楽しさを味わう。

⑵　人の言葉や話などをよく聞き、自分の経験したことや考えたことを話し、伝え合う喜びを味わう。

⑶　日常生活に必要な言葉が分かるようになるとともに、絵本や物語などに親しみ、言葉に対する感覚を豊かにし、先生や友達と心を通わせる。

2　内容

⑴　先生や友達の言葉や話に興味や関心をもち、親しみをもって聞いたり、話したりする。

⑵　したり、見たり、聞いたり、感じたり、考えたりなどしたことを自分なりに言葉で表現する。

⑶　したいこと、してほしいことを言葉で表現したり、分からないことを尋ねたりする。

⑷　人の話を注意して聞き、相手に分かるように話す。

⑸　生活の中で必要な言葉が分かり、使う。

⑹　親しみをもって日常の挨拶をする。

⑺　生活の中で言葉の楽しさや美しさに気付く。

⑻　いろいろな体験を通じてイメージや言葉を豊かにする。

⑼　絵本や物語などに親しみ、興味をもって聞き、想像をする楽しさを味わう。

⑽　日常生活の中で、文字などで伝える楽しさを味わう。

3　内容の取扱い

上記の取扱いに当たっては、次の事項に留意する必要がある。

⑴　言葉は、身近な人に親しみをもって接し、自分の感情や意志などを伝え、それに相手が応答し、その言葉を聞くことを通して次第に獲得されていくものであることを考慮して、幼児が教師や他の幼児と関わることにより心を動かされるような体験をし、言葉を交わす喜びを味わえるようにすること。

⑵　幼児が自分の思いを言葉で伝えるとともに、教師や他の幼児などの話を興味をもって注意して聞くことを通して次第に話を理解するようになっていき、言葉による伝え合いができるようにすること。

⑶　絵本や物語などで、その内容と自分の経験とを結び付けたり、想像を巡らせたりするなど、楽しみを十分に味わうことによって、次第に豊かなイメージをもち、言葉に対する感覚が養われるよう

にすること。

(4) 幼児が生活の中で、言葉の響きやリズム、新しい言葉や表現などに触れ、これらを使う楽しさを味わえるようにすること。その際、絵本や物語に親しんだり、言葉遊びなどをしたりすることを通して、言葉が豊かになるようにすること。

(5) 幼児が日常生活の中で、文字などを使いながら思ったことや考えたことを伝える喜びや楽しさを味わい、文字に対する興味や関心をもつようにすること。

表現

〔感じたことや考えたことを自分なりに表現することを通して、豊かな感性や表現する力を養い、創造性を豊かにする。〕

1 ねらい

(1) いろいろなものの美しさなどに対する豊かな感性をもつ。

(2) 感じたことや考えたことを自分なりに表現して楽しむ。

(3) 生活の中でイメージを豊かにし、様々な表現を楽しむ。

2 内容

(1) 生活の中で様々な音、形、色、手触り、動きなどに気付いたり、感じたりするなどして楽しむ。

(2) 生活の中で美しいものや心を動かす出来事に触れ、イメージを豊かにする。

(3) 様々な出来事の中で、感動したことを伝え合う楽しさを味わう。

(4) 感じたこと、考えたことなどを音や動きなどで表現したり、自由にかいたり、つくったりなどする。

(5) いろいろな素材に親しみ、工夫して遊ぶ。

(6) 音楽に親しみ、歌を歌ったり、簡単なリズム楽器を使ったりなどする楽しさを味わう。

(7) かいたり、つくったりすることを楽しみ、遊びに使ったり、飾ったりなどする。

(8) 自分のイメージを動きや言葉などで表現したり、演じて遊んだりするなどの楽しさを味わう。

3 内容の取扱い

上記の取扱いに当たっては、次の事項に留意する必要がある。

(1) 豊かな感性は、身近な環境と十分に関わる中で美しいもの、優れたもの、心を動かす出来事などに出会い、そこから得た感動を他の幼児や教師と共有し、様々に表現することなどを通して養われるようにすること。その際、風の音や雨の音、身近にある草や花の形や色など自然の中にある音、形、色などに気付くようにすること。

(2) 幼児の自己表現は素朴な形で行われることが多いので、教師はそのような表現を受容し、幼児自身の表現しようとする意欲を受け止めて、幼児が生活の中で幼児らしい様々な表現を楽しむことができるようにすること。

(3) 生活経験や発達に応じ、自ら様々な表現を楽しみ、表現する意欲を十分に発揮させることができるように、遊具や用具などを整えたり、様々な素材や表現の仕方に親しんだり、他の幼児の表現に触れられるよう配慮したりし、表現する過程を大切にして自己表現を楽しめるように工夫すること。

幼保連携型認定こども園教育・保育要領

第2章　ねらい及び内容並びに配慮事項

この章に示すねらいは、幼保連携型認定こども園の教育及び保育において育みたい資質・能力を園児の生活する姿から捉えたものであり、内容は、ねらいを達成するために指導する事項である。各視点や領域は、この時期の発達の特徴を踏まえ、教育及び保育のねらい及び内容を乳幼児の発達の側面から、乳児は三つの視点として、幼児は五つの領域としてまとめ、示したものである。内容の取扱いは、園児

の発達を踏まえた指導を行うに当たって留意すべき事項である。

　各視点や領域に示すねらいは、幼保連携型認定こども園における生活の全体を通じ、園児が様々な体験を積み重ねる中で相互に関連をもちながら次第に達成に向かうものであること、内容は、園児が環境に関わって展開する具体的な活動を通して総合的に指導されるものであることに留意しなければならない。

　また、「幼児期の終わりまでに育ってほしい姿」が、ねらい及び内容に基づく活動全体を通して資質・能力が育まれている園児の幼保連携型認定こども園修了時の具体的な姿であることを踏まえ、指導を行う際に考慮するものとする。

　なお、特に必要な場合には、各視点や領域に示すねらいの趣旨に基づいて適切な、具体的な内容を工夫し、それを加えても差し支えないが、その場合には、それが第1章の第1に示す幼保連携型認定こども園の教育及び保育の基本及び目標を逸脱しないよう慎重に配慮する必要がある。

第3　満3歳以上の園児の教育及び保育に関するねらい及び内容

基本的事項

1　この時期においては、運動機能の発達により、基本的な動作が一通りできるようになるとともに、基本的な生活習慣もほぼ自立できるようになる。理解する語彙数が急激に増加し、知的興味や関心も高まってくる。仲間と遊び、仲間の中の一人という自覚が生じ、集団的な遊びや協同的な活動も見られるようになる。これらの発達の特徴を踏まえて、この時期の教育及び保育においては、個の成長と集団としての活動の充実が図られるようにしなければならない。

2　本項においては、この時期の発達の特徴を踏まえ、教育及び保育のねらい及び内容について、心身の健康に関する領域「健康」、人との関わりに関する領域「人間関係」、身近な環境との関わりに関する領域「環境」、言葉の獲得に関する領域「言葉」及び感性と表現に関する領域「表現」としてまとめ、示している。

ねらい及び内容

健康

〔健康な心と体を育て、自ら健康で安全な生活をつくり出す力を養う。〕

　1　ねらい

　⑴　明るく伸び伸びと行動し、充実感を味わう。

　⑵　自分の体を十分に動かし、進んで運動しようとする。

　⑶　健康、安全な生活に必要な習慣や態度を身に付け、見通しをもって行動する。

　2　内容

　⑴　保育教諭等や友達と触れ合い、安定感をもって行動する。

　⑵　いろいろな遊びの中で十分に体を動かす。

　⑶　進んで戸外で遊ぶ。

　⑷　様々な活動に親しみ、楽しんで取り組む。

　⑸　保育教諭等や友達と食べることを楽しみ、食べ物への興味や関心をもつ。

　⑹　健康な生活のリズムを身に付ける。

　⑺　身の回りを清潔にし、衣服の着脱、食事、排泄などの生活に必要な活動を自分でする。

　⑻　幼保連携型認定こども園における生活の仕方を知り、自分たちで生活の場を整えながら見通しをもって行動する。

　⑼　自分の健康に関心をもち、病気の予防などに必要な活動を進んで行う。

　⑽　危険な場所、危険な遊び方、災害時などの行動の仕方が分かり、安全に気を付けて行動する。

　3　内容の取扱い

　　上記の取扱いに当たっては、次の事項に留意する必要がある。

⑴　心と体の健康は、相互に密接な関連があるものであることを踏まえ、園児が保育教諭等や他の園児との温かい触れ合いの中で自己の存在感や充実感を味わうことなどを基盤として、しなやかな心と体の発達を促すこと。特に、十分に体を動かす気持ちよさを体験し、自ら体を動かそうとする意欲が育つようにすること。

⑵　様々な遊びの中で、園児が興味や関心、能力に応じて全身を使って活動することにより、体を動かす楽しさを味わい、自分の体を大切にしようとする気持ちが育つようにすること。その際、多様な動きを経験する中で、体の動きを調整するようにすること。

⑶　自然の中で伸び伸びと体を動かして遊ぶことにより、体の諸機能の発達が促されることに留意し、園児の興味や関心が戸外にも向くようにすること。その際、園児の動線に配慮した園庭や遊具の配置などを工夫すること。

⑷　健康な心と体を育てるためには食育を通じた望ましい食習慣の形成が大切であることを踏まえ、園児の食生活の実情に配慮し、和やかな雰囲気の中で保育教諭等や他の園児と食べる喜びや楽しさを味わったり、様々な食べ物への興味や関心をもったりするなどし、食の大切さに気付き、進んで食べようとする気持ちが育つようにすること。

⑸　基本的な生活習慣の形成に当たっては、家庭での生活経験に配慮し、園児の自立心を育て、園児が他の園児と関わりながら主体的な活動を展開する中で、生活に必要な習慣を身に付け、次第に見通しをもって行動できるようにすること。

⑹　安全に関する指導に当たっては、情緒の安定を図り、遊びを通して安全についての構えを身に付け、危険な場所や事物などが分かり、安全についての理解を深めるようにすること。また、交通安全の習慣を身に付けるようにするとともに、避難訓練などを通して、災害などの緊急時に適切な行動がとれるようにすること。

人間関係

〔他の人々と親しみ、支え合って生活するために、自立心を育て、人と関わる力を養う。〕

　1　**ねらい**

⑴　幼保連携型認定こども園の生活を楽しみ、自分の力で行動することの充実感を味わう。

⑵　身近な人と親しみ、関わりを深め、工夫したり、協力したりして一緒に活動する楽しさを味わい、愛情や信頼感をもつ。

⑶　社会生活における望ましい習慣や態度を身に付ける。

　2　**内容**

⑴　保育教諭等や友達と共に過ごすことの喜びを味わう。

⑵　自分で考え、自分で行動する。

⑶　自分でできることは自分でする。

⑷　いろいろな遊びを楽しみながら物事をやり遂げようとする気持ちをもつ。

⑸　友達と積極的に関わりながら喜びや悲しみを共感し合う。

⑹　自分の思ったことを相手に伝え、相手の思っていることに気付く。

⑺　友達のよさに気付き、一緒に活動する楽しさを味わう。

⑻　友達と楽しく活動する中で、共通の目的を見いだし、工夫したり、協力したりなどする。

⑼　よいことや悪いことがあることに気付き、考えながら行動する。

⑽　友達との関わりを深め、思いやりをもつ。

⑾　友達と楽しく生活する中できまりの大切さに気付き、守ろうとする。

⑿　共同の遊具や用具を大切にし、皆で使う。

⒀　高齢者をはじめ地域の人々などの自分の生活に関係の深いいろいろな人に親しみをもつ。

　3　**内容の取扱い**

　　上記の取扱いに当たっては、次の事項に留意する必要がある。

⑴　保育教諭等との信頼関係に支えられて自分自身の生活を確立していくことが人と関わる基盤

となることを考慮し、園児が自ら周囲に働き掛けることにより多様な感情を体験し、試行錯誤しながら諦めずにやり遂げることの達成感や、前向きな見通しをもって自分の力で行うことの充実感を味わうことができるよう、園児の行動を見守りながら適切な援助を行うようにすること。

(2) 一人一人を生かした集団を形成しながら人と関わる力を育てていくようにすること。その際、集団の生活の中で、園児が自己を発揮し、保育教諭等や他の園児に認められる体験をし、自分のよさや特徴に気付き、自信をもって行動できるようにすること。

(3) 園児が互いに関わりを深め、協同して遊ぶようになるため、自ら行動する力を育てるようにするとともに、他の園児と試行錯誤しながら活動を展開する楽しさや共通の目的が実現する喜びを味わうことができるようにすること。

(4) 道徳性の芽生えを培うに当たっては、基本的な生活習慣の形成を図るとともに、園児が他の園児との関わりの中で他人の存在に気付き、相手を尊重する気持ちをもって行動できるようにし、また、自然や身近な動植物に親しむことなどを通して豊かな心情が育つようにすること。特に、人に対する信頼感や思いやりの気持ちは、葛藤やつまずきをも体験し、それらを乗り越えることにより次第に芽生えてくることに配慮すること。

(5) 集団の生活を通して、園児が人との関わりを深め、規範意識の芽生えが培われることを考慮し、園児が保育教諭等との信頼関係に支えられて自己を発揮する中で、互いに思いを主張し、折り合いを付ける体験をし、きまりの必要性などに気付き、自分の気持ちを調整する力が育つようにすること。

(6) 高齢者をはじめ地域の人々などの自分の生活に関係の深いいろいろな人と触れ合い、自分の感情や意志を表現しながら共に楽しみ、共感し合う体験を通して、これらの人々などに親しみをもち、人と関わることの楽しさや人の役に立つ喜びを味わうことができるようにすること。また、生活を通して親や祖父母などの家族の愛情に気付き、家族を大切にしようとする気持ちが育つようにすること。

環境

〔周囲の様々な環境に好奇心や探究心をもって関わり、それらを生活に取り入れていこうとする力を養う。〕

1 ねらい

(1) 身近な環境に親しみ、自然と触れ合う中で様々な事象に興味や関心をもつ。

(2) 身近な環境に自分から関わり、発見を楽しんだり、考えたりし、それを生活に取り入れようとする。

(3) 身近な事象を見たり、考えたり、扱ったりする中で、物の性質や数量、文字などに対する感覚を豊かにする。

2 内容

(1) 自然に触れて生活し、その大きさ、美しさ、不思議さなどに気付く。

(2) 生活の中で、様々な物に触れ、その性質や仕組みに興味や関心をもつ。

(3) 季節により自然や人間の生活に変化のあることに気付く。

(4) 自然などの身近な事象に関心をもち、取り入れて遊ぶ。

(5) 身近な動植物に親しみをもって接し、生命の尊さに気付き、いたわったり、大切にしたりする。

(6) 日常生活の中で、我が国や地域社会における様々な文化や伝統に親しむ。

(7) 身近な物を大切にする。

(8) 身近な物や遊具に興味をもって関わり、自分なりに比べたり、関連付けたりしながら考えたり、試したりして工夫して遊ぶ。

(9) 日常生活の中で数量や図形などに関心をもつ。

⑽　日常生活の中で簡単な標識や文字などに関心をもつ。

⑾　生活に関係の深い情報や施設などに興味や関心をもつ。

⑿　幼保連携型認定こども園内外の行事において国旗に親しむ。

3　内容の取扱い

上記の取扱いに当たっては、次の事項に留意する必要がある。

⑴　園児が、遊びの中で周囲の環境と関わり、次第に周囲の世界に好奇心を抱き、その意味や操作の仕方に関心をもち、物事の法則性に気付き、自分なりに考えることができるようになる過程を大切にすること。また、他の園児の考えなどに触れて新しい考えを生み出す喜びや楽しさを味わい、自分の考えをよりよいものにしようとする気持ちが育つようにすること。

⑵　幼児期において自然のもつ意味は大きく、自然の大きさ、美しさ、不思議さなどに直接触れる体験を通して、園児の心が安らぎ、豊かな感情、好奇心、思考力、表現力の基礎が培われることを踏まえ、園児が自然との関わりを深めることができるよう工夫すること。

⑶　身近な事象や動植物に対する感動を伝え合い、共感し合うことなどを通して自分から関わろうとする意欲を育てるとともに、様々な関わり方を通してそれらに対する親しみや畏敬の念、生命を大切にする気持ち、公共心、探究心などが養われるようにすること。

⑷　文化や伝統に親しむ際には、正月や節句など我が国の伝統的な行事、国歌、唱歌、わらべうたや我が国の伝統的な遊びに親しんだり、異なる文化に触れる活動に親しんだりすることを通じて、社会とのつながりの意識や国際理解の意識の芽生えなどが養われるようにすること。

⑸　数量や文字などに関しては、日常生活の中で園児自身の必要感に基づく体験を大切にし、数量や文字などに関する興味や関心、感覚が養われるようにすること。

言葉

〔経験したことや考えたことなどを自分なりの言葉で表現し、相手の話す言葉を聞こうとする意欲や態度を育て、言葉に対する感覚や言葉で表現する力を養う。〕

1　ねらい

⑴　自分の気持ちを言葉で表現する楽しさを味わう。

⑵　人の言葉や話などをよく聞き、自分の経験したことや考えたことを話し、伝え合う喜びを味わう。

⑶　日常生活に必要な言葉が分かるようになるとともに、絵本や物語などに親しみ、言葉に対する感覚を豊かにし、保育教諭等や友達と心を通わせる。

2　内容

⑴　保育教諭等や友達の言葉や話に興味や関心をもち、親しみをもって聞いたり、話したりする。

⑵　したり、見たり、聞いたり、感じたり、考えたりなどしたことを自分なりに言葉で表現する。

⑶　したいこと、してほしいことを言葉で表現したり、分からないことを尋ねたりする。

⑷　人の話を注意して聞き、相手に分かるように話す。

⑸　生活の中で必要な言葉が分かり、使う。

⑹　親しみをもって日常の挨拶をする。

⑺　生活の中で言葉の楽しさや美しさに気付く。

⑻　いろいろな体験を通じてイメージや言葉を豊かにする。

⑼　絵本や物語などに親しみ、興味をもって聞き、想像をする楽しさを味わう。

⑽　日常生活の中で、文字などで伝える楽しさを味わう。

3　内容の取扱い

上記の取扱いに当たっては、次の事項に留意する必要がある。

⑴　言葉は、身近な人に親しみをもって接し、自分の感情や意志などを伝え、それに相手が応答し、その言葉を聞くことを通して次第に獲得されていくものであることを考慮して、園児が保

育教諭等や他の園児と関わることにより心を動かされるような体験をし、言葉を交わす喜びを味わえるようにすること。

(2) 園児が自分の思いを言葉で伝えるとともに、保育教諭等や他の園児などの話を興味をもって注意して聞くことを通して次第に話を理解するようになっていき、言葉による伝え合いができるようにすること。

(3) 絵本や物語などで、その内容と自分の経験とを結び付けたり、想像を巡らせたりするなど、楽しみを十分に味わうことによって、次第に豊かなイメージをもち、言葉に対する感覚が養われるようにすること。

(4) 園児が生活の中で、言葉の響きやリズム、新しい言葉や表現などに触れ、これらを使う楽しさを味わえるようにすること。その際、絵本や物語に親しんだり、言葉遊びなどをしたりすることを通して、言葉が豊かになるようにすること。

(5) 園児が日常生活の中で、文字などを使いながら思ったことや考えたことを伝える喜びや楽しさを味わい、文字に対する興味や関心をもつようにすること。

表現

〔感じたことや考えたことを自分なりに表現することを通して、豊かな感性や表現する力を養い、創造性を豊かにする。〕

1 ねらい

(1) いろいろなものの美しさなどに対する豊かな感性をもつ。

(2) 感じたことや考えたことを自分なりに表現して楽しむ。

(3) 生活の中でイメージを豊かにし、様々な表現を楽しむ。

2 内容

(1) 生活の中で様々な音、形、色、手触り、動きなどに気付いたり、感じたりするなどして楽しむ。

(2) 生活の中で美しいものや心を動かす出来事に触れ、イメージを豊かにする。

(3) 様々な出来事の中で、感動したことを伝え合う楽しさを味わう。

(4) 感じたこと、考えたことなどを音や動きなどで表現したり、自由にかいたり、つくったりなどする。

(5) いろいろな素材に親しみ、工夫して遊ぶ。

(6) 音楽に親しみ、歌を歌ったり、簡単なリズム楽器を使ったりなどする楽しさを味わう。

(7) かいたり、つくったりすることを楽しみ、遊びに使ったり、飾ったりなどする。

(8) 自分のイメージを動きや言葉などで表現したり、演じて遊んだりするなどの楽しさを味わう。

3 内容の取扱い

上記の取扱いに当たっては、次の事項に留意する必要がある。

(1) 豊かな感性は、身近な環境と十分に関わる中で美しいもの、優れたもの、心を動かす出来事などに出会い、そこから得た感動を他の園児や保育教諭等と共有し、様々に表現することなどを通して養われるようにすること。その際、風の音や雨の音、身近にある草や花の形や色など自然の中にある音、形、色などに気付くようにすること。

(2) 幼児期の自己表現は素朴な形で行われることが多いので、保育教諭等はそのような表現を受容し、園児自身の表現しようとする意欲を受け止めて、園児が生活の中で園児らしい様々な表現を楽しむことができるようにすること。

(3) 生活経験や発達に応じ、自ら様々な表現を楽しみ、表現する意欲を十分に発揮させることができるように、遊具や用具などを整えたり、様々な素材や表現の仕方に親しんだり、他の園児の表現に触れられるよう配慮したりし、表現する過程を大切にして自己表現を楽しめるように工夫すること。

監修
無藤 隆（むとう・たかし）

白梅学園大学名誉教授。専門は発達心理学・教育心理学。「幼小接続会議」座長のほか、文部科学省中央教育審議会委員などを歴任。 著書に『幼児期の終わりまでに育ってほしい10の姿』（編著、東洋館出版）、『イラストで読む！ 幼稚園教育要領　保育所保育指針　幼保連携型認定こども園教育・保育要領はやわかりBOOK』（編者、学陽書房）などがある。

編著
大方美香（おおがた・みか）

大阪総合保育大学大学院教授。専門は保育学・乳幼児教育学。子育てサロンぶらんこを主催し、子育て支援の実践にも携わる。著書に『新・基本保育シリーズ15 乳児保育Ⅰ・Ⅱ』（共編集）、『子どもの育ちが見える「要録」作成のポイント ―幼稚園、保育所、認定こども園対応』『事例で学ぶ「要録」の書き方ガイド ―幼稚園、保育所、認定こども園対応』（共著）、『失敗から学ぶ　保護者とのコミュニケーション』（編著、いずれも中央法規）などがある。

協力

社会福祉法人ゆずり葉会 深井こども園 　（大阪府堺市）

編集
株式会社こんぺいとぷらねっと

装丁・本文デザイン
SPAIS（熊谷昭典　宇江喜桜）佐藤ひろみ

カバーイラスト
かまたいくよ

まんが
山口まく

本文イラスト
みやれいこ

幼稚園・保育所・認定こども園対応

ワークで学ぶ 子どもの「育ち」をとらえる
保育記録の書き方 3〜5歳児編

2021年2月10日　初　版　発　行
2023年9月10日　初版第2刷発行

監修者　無藤　隆
編著者　大方美香
発行者　荘村明彦
発行所　中央法規出版株式会社
〒110-0016　東京都台東区台東3-29-1　中央法規ビル
Tel 03（6387）3196
https://www.chuohoki.co.jp/
印刷・製本　株式会社ルナテック

定価はカバーに表示してあります。
ISBN978-4-8058-8280-1

本書の内容に関する質問については、下記URLから「お問い合わせフォーム」
にご入力いただきますようお願いいたします。
https://www.chuohoki.co.jp/contact/